결국 해내는
생각의 습관

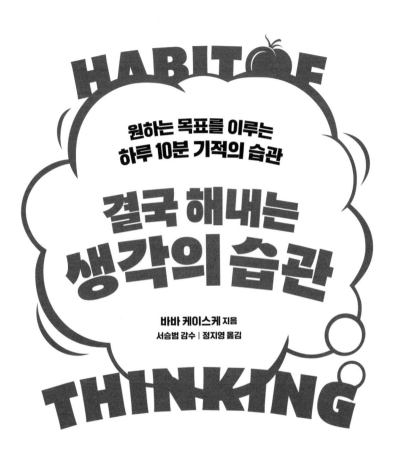

HABIT OF

원하는 목표를 이루는
하루 10분 기적의 습관

결국 해내는
생각의 습관

바바 케이스케 지음

서승범 감수 | 정지영 옮김

THINKING

다블북

많은 사람들이 힘들어지는 건 목표가 없기 때문이다. 목표가 없으니 하루하루를 그냥 살게 되고 방황할 수밖에 없다.

"이런 일이 생겼으면 좋겠다."

→ 하지 않는다

"너무 좋은 이야기 들었어…… 나도 할 거야!"

→ 결국 안 한다

"좋아, 드디어 계획을 세웠다. 내일부터 하자."

→ 해본 적이 없다

이것은 당신의 이야기인가?

'게으름이 몸에 밴 것 같다'

'지금 무엇을 해야 할지 모르겠다'

'목표를 잃어버렸다'

'자포자기 상태다'

'삶에 지쳐 한걸음 내딛기가 어렵다'

'그냥 사는 게 벅차서 달리 생각할 여유가 없다'

이것 또한 당신의 이야기인가?

그렇다면 지금 당신에게는 바로 이 책,《결국 해내는 생각의 습관》이 필요하다.

이 책에서 당신은 반드시 달성하고 싶은 목표를 설정하는 방법과 그 목표와 어떻게 마주해야 하는지를 배울 수 있다. 또한 재미있는 스토리를 통해 미래를 향한 목표 설정 방법과 이를 실현하기 위한 습관을 자연스럽게 배울 수 있다.

세상의 성공자는 뭔가로 성공했기 때문에 성공자라고 불리는 것이며 그 '뭔가=목표'가 명확하지 않다면 성공자가 될 수 없다는 너무나도 당연한 이치를 이 책을 통해 새삼 깨닫게 된다.

무엇보다도 이 책은 몇 가지 질문을 자신에게 던져 목표는 어떻게 설정하면 좋은가를 명확하게 할 수 있도록 도와준다. 그래서 절대 실패하지 않는 셀프코칭이 가능하게 해 준다.

특히 목표 설정이나 습관화 과정에서 주의해야 할 점

이 노신사의 말을 통해 전달되는데 그 말들이 마음속에 깊이 와닿는다. 그 느낌은 이 책을 통해 꼭 직접 느껴보면 좋겠다.

이 책은 일본에서 신입사원 연수 시 교재로 매우 높은 인기를 누리고 있으며 개인이나 집단의 목표달성 세미나에서도 많이 활용되고 있다. 그래서 한국의 꿈을 잃어버린 청춘들, 다시 시작하고자 하는 중장년층에게 새로운 희망이 되기에 더할 나위 없이 좋은 책이라 생각하여 이 책을 기획하게 되었다.

마음은 있지만 시작은 안 하는 사람,
계획은 세우지만 실천은 안 하는 사람,
아무런 계획도 없이 바쁘게 하루하루를 보내며 지난 시간을 후회만 하는 사람,
결국 또 같은 나날을 보내며 이리저리 핑계만 대는 사람,

그리고 성공을 꿈꾸지만 그 방법을 모르는 사람……

그런 분들이야말로 꼭 이 책을 읽어 보셨으면 좋겠다. 그리고 새삼 자기 자신을 되돌아보고 다음 한 걸음을 내디딜 수 있는 계기가 되었으면 하는 바람이다.

마지막으로 노신사의 말 중에서 내가 좋아하는 말을 남겨본다.

"인생에서 기대를 걸어도 되는 건 자신뿐이라네. 자신에 대한 기대치가 높을수록 사람은 강해지고 높은 곳까지 갈 수 있는 법!"

트러스트코칭스쿨 한국 대표코치

나홀로비즈니스스쿨 대표

서승범

목표를 위해 스스로 생각하는 습관

머지않은 미래에 AI(인공지능)가 인간의 지능을 뛰어 넘을 것은 이미 누구나 알고 있다. 이런 상황에서 끊임 없이 사고하며 '그럼 난 이제부터 무엇을 바꿔 나가야 할까?'라고 진심으로 생각하고 행동하는 사람이 얼마나 될까?

확실한 것은 지식의 가치가 없어져 가는 세상이 오고 있다는 사실이다. AI에게 물으면 지식만이 아니라 자신 이 어떻게 해야 하는지 답까지 제시해주는 시대. 이때 우리가 습득해야 할 가장 가치 있는 것은 무엇일까?

바로 '결국 해내는 생각의 습관'이다. 좀 더 구체적으로 말하자면 '결국 목표한 것을 해내고야마는 스스로 생각하는 습관'이다.

지금까지는 스스로 생각하지 않아도 삶의 방식과 업무 방식에 어느 정도 방향이 제시되어 있었지만, 가치관이 급격히 다양해지면서 무엇이 정답인지 알 수 없게 되었다. 그런 지금, 우리가 나답게, 후회 없이, 마음 편히 살아가려면 항상 자기만의 방향성과 정답을 가지고 있어야 한다. 그러나 스스로 생각하는 행동은 몹시 번거롭고 어려우며, 답이 나온다고 해도 불안이 따라다닌다.

이 책은 그런 우리에게 격변하는 시대에도 인간적인 사고를 멈추지 않고, 자신만의 방향성과 정답을 효과적으로 생각하기 위한 지혜와 습관을 전한다.

책 한 권을 통해 자기 인생의 3년 후나 그 이상의 청사진을 그리고 상상하며, 자신의 미래를 결정하는 하루 10분 기적의 습관을 자연스럽게 익히게 된다면? 생각만 해도 설레고 가슴 벅찬 일이다. 이 책을 읽는 동안 당신은 그 설렘과 가슴 벅참을 느끼게 될 것이다.

이 책을 다 읽는 순간 자신의 메모 노트를 펼치게 될 것이다. 그런 다음 《M215》를 되새기며 변하고 싶은 미래 자신의 모습을 그려보고 1년 후의 목표를 정하게 될 것이다. 매일 아침 일찍 일어나 자신의 하루를 위해 《D110》을 실천하고 있을 것이다. 그리고 이 습관을 통해 매일 조금씩 자신감을 회복하며 달라져가는 자신을 느끼게 될 것이다.

나는 25세에 이 습관을 운 좋게 알게 되어 15년 이상 실천해왔다. 이 습관의 효과를 보여주는 가장 좋은 증거는 지금의 나 자신이다. 이렇게 정말 좋아하는 한국에서도 책을 출판할 수 있을 정도로 성장했으니 말이다. K-POP에 푹 빠져 있는 딸도 이 출판을 나 못지않게 기뻐하고 있다.

이 책의 내용이 결코 나 혼자만의 것이어서는 안 된다는 생각을 하던 중 내 나이 29세에 일본에서 출판하여 많은 사랑을 받았다. 그 결과 현재 일본에서 가장 인기 있는 코칭스쿨을 만들었고, 2023년에는 드디어 한국에도 진출할 수 있었다.

이제 한국분들에게 내가 지속해 온 비밀의 습관을 전달해 도움을 드리고 다양한 형태로 인연을 맺고 싶다.

이 책을 번역하여 출판할 기회를 주신 서승범 대표님과 더블북 출판사에게 진심으로 감사드린다.

2024년 3월

바바 케이스케

벤치에 주저앉아 캔 커피를 마시며 허탈한 표정으로 먼 곳을 응시하는 정장 차림의 젊은이.

'이 일을 계속해도 괜찮을까…….'

'돈을 모으려면 어떻게 해야 할까…….'

'결혼해서 가족을 부양할 수 있을까…….'

이런 말을 온몸으로 부르짖는 듯했다.

이 책을 가장 전해주고 싶은 사람이 바로 그런 사람이다.

나는 지금 그 젊은이가 앉아 있던 도심의 작은 공원을 바라보며 사무실 의자에 앉아 이 책의 머리말을 쓰고 있다.

3년 만의 기적적인 성공! 그 젊은이는 매 3년마다 목표를 세웠다. 그리고 15년 동안 다양한 목표를 달성해 성공적인 비즈니스 코치로 활약했고, 책도 여러 권 집필했다. 그렇다. 그 남자는 바로 15년 전의 나이다.

얼마 전 코로나 사태를 계기로 우리가 일하면서, 생활하면서 지켜온 상식까지 급속도로 바뀌기 시작했다. 연일 예상하지 못한 사건이 이어졌다. 그야말로 한 치 앞을 내다볼 수 없는 시대를 살아가고 있다.

다만 어떤 시대이든 15년 전 길거리를 헤매던 나를 이렇게까지 변화시키고 성장시킨 지혜는 지금도 변함없이, 아니 이런 시대이기에 오히려 많은 사람에게 전해질 수 있다고 확신한다.

당시 3년 동안 거의 매일 머물다 갔음에도 늘 반겨주던 공원에는 올해도 어김없이 벚나무 꽃봉오리가 얼굴을 내밀기 시작했다. 모든 사물이 항상 변화하는 제행무상의 세상에서 변함없이 지켜봐주는 것들이 있음을 기쁘게 생각하며, 이 이야기가 과거의 나 같은 사람들에게 전달된다면 더할 나위 없이 기쁠 것이다.

차례

제1장

노신사와의 만남

제2장

목표 설정

제3장

성공을 위한 마법의 시작, M215

제4장

1년 365회 인생 리셋, D110

제5장

토마토 왕자의 탄생

부록

마법의 성공 노트

"사장님! 드디어 그 사람 거처를 찾았어요!"

미모의 아시아계 비서 수연이 숨을 헐떡이며 내 방
으로 왔다.

"시칠리아 섬이에요! 이탈리아의 시칠리아 섬에서 토
마토 주스를 판다고……."

"토마토 주스!?"

나는 정말 그 사람인지 불안했지만, 곧장 전용기를 준

비해 달라고 수연에게 부탁했다.

"사장님! 대체 그 사람이 누구예요?"

"그 얘기는 비행기 안에서 할게. 아, 토마토 100개만 비행기에 실어 놔줘."

30분 후 나는 오늘의 약속을 모두 취소하고 전용기에 올라탔다.

"사장님, 굉장히 들떠 보이시네요."

"설마 정말로 이날이 올 줄이야……."

확실히 나는 그 어느 때보다 흥분하고 있었다.

흥분이라는 말이 맞는지 모르겠지만, 내 가슴은 유난히 크게 고동쳤다.

"사장님, 이제 알려주세요. 그 사람이 누군지."

나는 토마토 주스를 섞은 위스키를 단숨에 들이켜고 심호흡을 한 뒤 조용히 이야기를 시작했다.

이 이야기는 하루 80엔으로 살아가던 극빈생활을 한 지 불과 3년 만에 빨간 전용기를 타고 전 세계를 날아다니게 된 '토마토 왕자'인 내 이야기다.

이 이야기는 결코 기적이 아니다. 이야기를 듣고 다음에 큰 성공을 거두는 것은 바로 여러분일 수도 있다.

8 Questions for Success

제1장

노신사와의 만남

돈은 없어도 지혜는 있다고!

"이번 달이 마지막 기회야! 만약 이번에도 목표를 달성하지 못하면 다음 달은 없어!"

사장은 내 얼굴에 침을 튀기며 쏘아붙였다.

3년 전 차가운 가랑비가 내리는 밤이었다.

나는 토마토 판매사원이다. 근무하는 곳은 연간 1억 엔의 매출을 올리는 토마토 판매 회사다. 아니, 그랬던 회사였다. 계속되는 불황으로 전년 매출이 3,000만 엔으로 하락했고, 60명이던 토마토 판매사원도 20명으로 줄었으니.

　내가 판매하는 토마토는 토마토라고 해도 일반적인 토마토가 아니었다. 개당 3,000엔이나 하는 고급 토마토였다. 태양처럼 새빨갛고 탐스러우며, 딸기보다 더 고급스러운 단맛이 나서 세계적으로도 손꼽히는 품종이었다.

　여섯 살 때 할아버지 댁에서 딱 한 번 맛본 뒤부터 나는 이 토마토에 푹 빠졌다. 그날 이후 이 토마토를 매일 먹을 수 있을 만큼 부자가 되는 것이 내 꿈이었다.

　그러나 매일 아침부터 저녁까지 악착같이 일해도 통장 잔고는 제자리였다. 토마토를 먹을 수 있게 되기는커녕 회사에서 해고되기 직전까지 내몰린 상황이었다. 전대미문의 불경기라고 일컬어지는 시대에 대단한 학력도, 특별한 지식도, 뚜렷한 실적도 갖추지 못했기에 나는

이직은 꿈도 꾸기 어려웠다. 정말이지 인생 최대의 위기 상황이었다.

나에게 주어진 목표는 혹독했다. 한 달에 토마토 50개 이상, 금액으로 따지면 15만 엔 이상의 매출을 올릴 것. 하지만 나는 6개월 연속 20개 정도, 한 달에 6만 엔가량 의 매출밖에 올리지 못했다.

월급은 매출의 절반으로 정해져 있었기 때문에 월세 를 내고 나면 남는 것이 없었다. 그래서 매일 통조림 고 기와 식빵, 그리고 물로 연명했다.

그러던 어느 날의 일이었다. 아침에 조용히 토마토 20개를 상자에 담고, 사장 눈에 띄지 않도록 살금살금 사무실을 빠져나왔다. 그날은 점심도 거른 채 20킬로미 터를 넘게 돌아다니며 계속 팔아보려고 했지만, 결국 한 개밖에 팔지 못했다.

나는 지칠 대로 지쳐 벤치에 주저앉아 팔리지 않은 토

마토를 바라보며 망연자실했다.

그때였다.

너덜너덜한 옷을 입은 노숙자 같은 노인이 말을 걸어왔다.

"토마토가 맛있어 보이네. 어디 나한테도 하나 줘 봐."

행색이 초라한 노인이라 나는 코웃음을 치듯 대답했다.

"3,000엔 내실 수 있으면 가져가세요."

그러자 노인이 말했다.

"돈은 없지만 그 토마토를 팔 수 있는 지혜라면 있지."

이해 안 되는 발언이 듣기 싫었던 나는 노인을 쳐다보지도 않았다.

"할아버지, 지혜 같은 걸로 이 토마토를 먹을 수 있으면 이 고생을 하겠어요?"

그렇게 퉁명스럽게 쏘아붙이고는 자리를 떠나려 했다. 그런 나를 보고 노인은 웃으며 말했다.

"그럼, 자네에게는 지혜가 있는가?"

그리고 말을 이었다.

"어차피 그 토마토를 못 팔아서 난감한 거 아닌가? 나에게는 자네와 달리 그 토마토를 얼마든지 팔 수 있는 지혜가 있다네. 그 지혜와 토마토를 교환하지 않겠는가?"

정곡을 찌르는 노인의 발언에 화가 난 나는 무심코 감정을 드러내며 외쳤다.

"이 토마토는 개당 3,000엔이나 하는 고급품이에요! 3,000엔이나 하는 토마토를 거저 주면 회사에서 당장 잘린다고요!"

동요하는 나에게 노인은 웃으며 말했다.

"자네는 내 지혜가 공짜라고 생각하나? 내 지혜는 분명 그 토마토보다 1,000배 이상 가치 있을걸."

"그런 대단한 지혜가 있다면 당연히 돈이 있으시겠죠? 그러니까 3,000엔을 내고 사세요."

그러자 노인은 작은 소리로 중얼거렸다.

"기회를 놓쳤어, 젊은이."

그리고 자리에서 조용히 떠났다.

그날 나는 결국 토마토를 하나밖에 팔지 못한 채 집으로 돌아갔다. 마지막 기회라고 했던 이번 달도 절반이 지나가고 있었다.

난방이 안 되어 냉골인 목조건물의 작은 방에서 나는 김밥처럼 이불을 둘둘 말고 굶주린 채 잠자리에 들었다.

"모든 건 시대 탓이야. 누가 이런 불경기를 만든 거야? 젠장! 요즘 세상에 3,000엔짜리 토마토가 팔리겠냐고!"

그때 문득 그 노인이 떠올랐다.

(3,000엔이나 하는 토마토를 이런 시대에 팔 수 있는 '지혜'가 정말 있을까? 엉뚱한 방법을 대충 둘러대고서는 토마토나 공짜로 먹으려고 한 게 분명해.)

피해자라는 생각에서 벗어나라

다음 날이 되었다. 누구보다 일찍 출근한 나는 여느 때처럼 토마토를 한 개씩 정성스럽게 손수건으로 닦아 상자에 담았다. 그런데 웬일로 일찍 출근한 사장이 내 옆으로 다가와 소곤거렸다.

"이번 달로 안녕이군……. 자네는 안 됐지만 쓸데없이 팔고 남은 토마토가 줄어들 테니 잘된 일이야."

나는 쓴웃음을 지으며 사장에게 고개 숙여 인사하고 평소처럼 영업을 나갔다.

어렸을 때부터 정말 좋아했고, 늘 동경했던 이 토마토. 하지만 지금은 폭발 직전의 폭탄처럼 보일 정도로 나는 정신적으로 궁지에 몰려 있었다.

그날도 결국 저녁 때까지 하나밖에 팔지 못해 기진맥진한 나는 늘 앉던 벤치에 앉아 물을 마셨다. 그때 눈앞에 외국의 패션잡지에나 나올 법한 세련된 노신사가 나타나 말을 걸었다.

"그 토마토 하나 주겠는가?"

"감사합니다. 3,000엔입니다!"

나는 흥분하면서 곧장 토마토를 담을 봉지를 꺼냈다.

그러자 노신사는 말했다.

"아니, 아니야, 살 생각은 없어! 내 지혜와 교환해 주게."

설마 하는 마음에 노신사를 자세히 보니 어제 만난 노숙자 느낌의 노인과 많이 닮아 보였다.

"설마, 어제 그 할아버지?"

"맞아. 어제와는 대접이 상당히 다르구먼!"

노신사는 웃으며 말을 이었다.

"사람을 겉모습으로 판단하면 그 토마토는 영원히 안 팔릴 거야……."

나는 꿀 먹은 벙어리가 되었다. 그리고 갑작스럽게 북받쳐 오르는 눈물을 멈출 수가 없었다.

노신사는 내가 울음을 그칠 때까지 말없이 먼 곳을 응시하면서 내 옆에 앉아 있었다. 그리고 울음을 그친 내 등을 토닥이며 말했다.

"자네 인생은 이제부터야! 앞으로 어떤 꿈이라도 이룰 수 있어!"

그리고 노신사는 나를 바라보며 나지막한 목소리로 말했다.

"토마토 하나 주게."

그의 흔들림 없는 눈빛에 압도된 나는 나도 모르게 토마토 하나를 상자에서 꺼내 순순히 건넸다. 노신사는 손에 든 토마토를 주저 없이 커다란 입에 넣고는 내 눈을 바라보며 우적우적 맛있게 먹었다.

"이제 토마토를 많이 팔 수 있는 지혜를 가르쳐 주세요!"

내가 그렇게 말하자 노신사는 우선 지금 내 상황을 자유롭게 이야기하라고 했다. 나는 나의 목표, 현재 금전 상태, 이번 달에 해고를 앞둔 상황…… 모든 것을 털어

놓았다.

대충 말을 마치자 노신사는 이런 말을 했다.

"자네에게 알려주는 지혜는 본인을 바꾸는 지혜라네. 토마토를 파는 방법이 아니야! 토마토를 잘 팔기 위해 자기 자신을 바꾸는 방법이라고 할 수 있지."

의미가 불분명하고 수상쩍은 이야기에 나는 노신사의 멱살을 잡고 싶어졌다. 그런 낌새를 무시하고 노신사는 이야기를 이어나갔다.

"지금의 자네는 뭘 해도 토마토를 팔 수 없어. 알겠나, 토마토 군? 만약 자네가 이번 달의 '이상적인 결과'를 내고 싶다면 우선 본인이 '이상적인 상태'가 돼야 해. 최고의 상태에서만 최고의 결과가 나온다는 건 비즈니스, 스포츠, 그 외 모든 분야에서 기본이 아닌가."

토마토 군이라는 호칭에 태클을 걸 기력도 없어서 나는 이해가 잘되지 않는 노신사의 말을 잠자코 듣기로 했다.

"이상적인 상태가 되려면 일단 자네가 피해자라는 생각에서 벗어날 필요가 있어."

"피해자라……."

"불경기 탓, 토마토 값이 비싼 탓이라면서 스스로 피해자라고 생각하고 있지 않은가? 일단 자신을 비참한 피해자로 여기면 비참한 결과밖에 나오지 않는다는 걸 기억하게."

나는 아무 대꾸도 하지 못한 채 입을 다물고 고개를 살짝 끄덕였다.

"그럼 이제 자네를 최고의 상태로 바꾸는 방법을 알려주지."

이제부터 시작되는 노신사와의 대화를 통해 내 삶이 뒤바뀌었다고 해도 과언이 아니다. 그로부터 3년 후, 현재 나는 해변에 그림처럼 낭만적인 집을 짓고 세 가족과 살고 있다. 아침 식사 때는 바다를 보며 그토록 동경하던 토마토 다섯 개로 만든 주스를 꿀꺽꿀꺽 마신다.

그때 만약 노신사에게 토마토를 주지 않았다면 분명히 지금쯤 노숙자가 되었거나 병에 걸려서 이미 이 세상에 없을지도 모른다.

결국 해내는 당신을 위한 조언

☑ 인생은 이제부터다! 변할 수 있다면 앞으로 어떤 꿈이라도 이
룰 수 있다!

☑ 토마토를 파는 방법이 아니라, 토마토를 잘 팔기 위해 자기 자
신을 바꿔야 한다.

☑ 최고의 상태에서만 최고의 결과가 나온다.
이상적인 결과를 만들고 싶다면 우선 본인이 이상적인 상태
가 되어야 한다.

☑ 스스로 피해자라는 생각에서 벗어나라.
자신을 비참한 피해자로 여기면 비참한 결과밖에 나오지 않
는다.

8 Questions for Success

제2장

목표 설정

타고난 능력에 차이는 없다

"노트랑 펜 있나?"

나는 토마토의 매출을 기재하는 데에 쓰는 노트와 펜을 서둘러 가방에서 꺼냈다. 한심하게도 노트는 거의 백지상태였다.

"토마토 군! 이제 내가 쓰라고 하는 내용을 노트에 제대로 적게. 마지막에 그 노트가 자네를 이상적인 상태로 바꿔주는 마법의 노트로 변신할 거야."

무슨 뜻인지 알 수 없었지만 나는 일단 고개를 힘차게 끄덕였다.

"그럼, 자네의 현재 목표는 무엇인가?"

"목표요? 음…… 토마토를 한 달에 50개 파는 거예요."

"그건 목표가 아니야! 주어진 할당량이지 않은가?"

"목표와 할당량은 다른 건가요?"

"전혀 다르지. 할당량은 경영자의 시점에서 본, 자네를 고용하기 위한 최저 조건이라네."

"그럼 지금 특별히 목표라고 할 만한 것이 없어요……."

"알겠나, 토마토 군. 자신을 이상적인 상태로 바꾸려면 목표가 필요하겠지?"

"이상적인 상태라는 게 도대체 어떤 의미인가요……?"

나는 주뼛거리며 질문했다.

"이상적인 상태란 자네가 원래 지니고 태어난 능력이 목표를 향해 최대한 발휘되는 상태를 말하는 거라네. 역사적으로 이름을 남긴 성공자도 자네처럼 암울한 상태의 일반인도 원래 타고난 능력이나 에너지에는 별 차이가 없어."

"그럴 리가……. 성공한 사람에게는 타고난 재능이 있잖아요."

"그건 평범한 사람이 하는 변명이야! 분명 운동 능력이나 학습 능력이 태어날 때부터 똑같지는 않지. 다만 주변에 흔히 보이는 부자와 가난한 사람 사이에 큰 차이는 없어. 그럼 왜 성공한 사람과 평범한 사람 사이에 큰 차이가 생길까?"

나는 잠시 생각하는 척을 하다가 길 잃은 새끼 고양이 같은 눈으로 노신사를 바라보았다.

"성공하는 사람에게는 반드시 목표가 있어. 그리고 그 목표에 자신의 모든 에너지를 집중시켜서 레이저 빔을 쏘듯 강한 힘으로 돌진하는 거라네!"

나는 노신사의 과한 제스처가 부담스러웠지만, 그대
로 이야기를 계속 들었다.

노력은 배신한다

"사람은 뇌 기능을 3% 정도밖에 사용하지 않는다는
이야기 아는가? 그 위대한 아인슈타인 선배조차도 9%
정도만 사용했다고 하지. 뭐 여러 데이터가 있어."

"선배……요?"

"다만 무언가를 이룬 성공자는 평범한 사람보다 목표
를 향해 모든 에너지를 한 점에 집중시키기 때문에 뇌
활용률이 높다네. 물론 아무리 높아도 10% 언저리로!
사람에게는 아직 상상할 수 없을 정도의 능력이 숨겨져
있다는 것도 기억하게나."

나는 확신에 찬 노신사의 말투와 강인한 태도에 끌려
눈을 뗄 수가 없었다. 노신사는 말을 이었다.

"그러니까 자네처럼 보기 딱한 일반인도 목표를 정하고 거기에 온 에너지를 집중한다면 평범한 사람이 떠올릴 만한 목표쯤은 가뿐히 달성할 수 있다는 말이지!"

노신사의 엄청난 박력에 압도당하는 기분이었다.

"평범한 사람도 매일 6만 번 정도 이런저런 생각을 한다고 하네. 목표가 정해져 있지 않으면 생각이 뿔뿔이 흩어지고, 한정된 에너지를 햇빛처럼 확산시키게 되지. 널리 퍼진 부드러운 에너지에는 무언가를 달성할 힘이 없어! 결국 매일 같은 일만 하게 되고, 운에 맡기게 돼. 그러니까 결과도 별로 다르지 않아. 할당량을 달성하지 못하면 일자리를 잃고 굶어 죽는다고 자네가 말했던가?"

'아무도 굶어 죽는다고는 말하지 않았는데……'라고 생각하면서도 재빨리 고개를 끄덕였다.

"그런 인생 최대의 위기가 찾아왔을 때 자네는 그 할당량을 향해 전력으로 맞서고 있는가?"

"뭐…… 노력은 하고 있어요."

그러자 노신사는 히죽거리며 물었다.

"혹시 노력한 만큼 보답을 받을 수 있다고 생각하는가?"

나는 대꾸할 말을 찾지 못했다.

'열심히 하면 분명히 좋은 일이 있을 거야.'

'노력하면 언젠가 반드시 보답받을 거야.'

그렇게 다짐하면서 자기 자신에게 채찍질하며 줄곧 버텨왔기 때문이다.

"자네는 분명 열심히 하고 있다네. 구두 뒷굽이 닳은 모습만 봐도 알 수 있지. 하지만 안타깝게도 자네가 말하는 노력을 아무리 해봤자 보답은 받지 못할 거야! 평생 노력만 하게 되겠지."

"그럴 리가요! 노력은 배신하지 않는다고…… 유명한 누가 말했는데……."

노신사는 반박하는 내 눈을 바라보며 매우 유쾌한 얼굴로 잔혹한 이야기를 이어갔다.

"그럼 어째서 비가 오나 눈이 오나 몇 년 동안 쉬지 않고 토마토를 팔러 돌아다닌 자네가 노력에 배신당하고 있는 거지?"

나는 또 아무 말도 못 하고 잠자코 있었다.

"자네가 말하는 노력은 아무나 할 수 있는 것이 아니야! 노력할 수 있다는 건 확실히 자네의 훌륭한 강점이지. 하지만 인생은 노력하는 만큼 보상이 돌아올 정도로 달콤하지 않아."

노신사는 나를 진지한 눈빛으로 바라보았다.

"사실 내 주변에는 진짜로 성공한 사람이 많이 있다네. 단지 그들은 자네만큼, 자네가 말하는 노력은 하지 않아. 자네가 게을리하는 일을 제대로 하고 있을 뿐이지."

"내가 게을리하는 일……."

"자, 토마토 군! 마지막 기회인 이번 달에는 성과가 없었던 지난달과 어떤 다른 행동을 하고 있는가?"

나는 필사적으로 무슨 말이든 하려고 했지만, 떠오르

는 것이 없었다.

"답답하기 짝이 없군! 아무리 머리가 텅텅 비었어도 같은 행동을 반복하면 같은 결과밖에 나오지 않는다는 것쯤은 조금만 생각하면 알 텐데? 아니라면 마음 한구석에 해고당하고 싶은 마음이 있다거나?"

"그건 아니에요! 저는 토마토를 판매하는 일에 자부심이 있는걸요."

순간 나도 모르게 진심이 튀어나오고 말았다. 나는 이 토마토를 정말 좋아했기 때문에 판매하는 일에 자부심을 느꼈다.

노신사는 순간 아주 다정한 눈길을 보냈다.

"하지만 같은 행동을 반복하는 자네를 보고 있으면 해고당하고 싶어서 매일 필사적으로 돌아다니는 이해 안 되는 멍청이로밖에 보이지 않는다네."

(멍청이……)

"자네는 매일 너덜너덜해질 때까지 일하면 보답을 받

는다고 굳게 다짐하면서도 한 가지 일을 게을리했어."

"대체 그게 뭔가요?"

나는 지금까지 자신을 방어하려던 것을 관두고 노신사의 이야기에 귀를 기울였다.

"변화하려는 노력이라네. 자네는 변화를 게을리하고, 토마토를 어제보다 하나라도 더 팔기 위해 궁리하고 행동하는 일을 회피해왔어!"

확실히 나는 꼭 팔아야 한다고 생각했지만, 판매 방법을 진심으로 생각하지는 않았을지도 모른다.

"이상적인 인생을 손에 얻고 싶다면, 그저 땀 흘리는 노력을 반복하기 전에 항상 변화를 선택하고 궁리하는 노력이 필요하다네. 천재는 1%의 영감과 99%의 노력으로 이루어진다는 말도 있지 않은가? 그 말의 의미도 1%의 영감이 없으면 99%의 노력은 무용지물이라는 뜻이야."

노신사의 이야기에는 신기할 정도로 설득력이 있었다.

"하지만 변화하는 노력이라니 대체⋯⋯."

"확실히 변화하는 노력은 자네의 특기인 근성으로는 어떻게 할 수 없어. 하지만 안심하게. 내가 토마토 대신 알려주는 특별한 지혜는 변화하는 방법의 최고봉이라네."

나는 매우 큰 기대감에 휩싸였다.

"이봐, 토마토 군! 일단 목표의 의미를 알려주겠네. 자네는 지금 목표가 없어. 그러니까 인생 최대의 위기인데도 그저 똑같이 고된 하루하루를 반복하는 이상한 상태가 이어지다가 벼랑 끝으로 내몰린 거지. 좋아, 학대받는 걸 즐기는 게 아니라면 노트를 펼치게나."

나는 펜을 꼭 쥐고, 노신사의 말에 집중했다.

미래의 자신을 자기편으로 만드는 목표 설정

"목표에는 네 가지 조건이 있어."

진지한 표정으로 마른침을 삼키며 지켜보는 나에게 노신사는 자신감 넘치는 표정으로 다음 네 가지 요소를 꼽았다.

- 기한이 있다
- 달성했는지 객관적으로 측정할 수 있다
- 지금 이대로는 달성할 수 없을 것 같은 목표다
- 설렘이 있다

나는 재빨리 적어가면서 노신사의 다음 말을 기다렸다.

"목표는 단순한 목적지가 아니야. 현 상태를 탈출해 이상적인 상태로 끌어당기는 힘을 지닌 최강의 동료라네."

"목표가 나의 동료군요."

"알겠나, 토마토 군? 지금 이대로 조금만 노력해서 달성할 만한 목표라면 의미가 없어. 지금 이대로는 달성할

목표 설정의
네 가지 조건

- 기한이 있다

- 달성했는지 객관적으로 측정할 수 있다

- 지금 이대로는 달성할 수 없을 것 같은
  목표다

- 설렘이 있다

TOMATO

수 있을지 아리송하고, 성공을 생각하면 엄청난 설렘을 줄 만큼 크게 설정할 필요가 있다네."

나는 이 뜻을 잘 이해하지 못해 되물었다.

"하지만 저는 할당량도 달성하지 못하는데요? 그 이상으로 커다란 목표라니, 생각만 해도 어지럽네요."

노신사는 웃으며 길 잃은 새끼 고양이 같은 내 눈을 바라보았다.

"그건 할당량이니까 그렇지. 꼭 채워야 하는 할당량은 오히려 사람의 의욕이나 에너지를 빼앗는다고. 그러니까 목표에는 네 번째 조건이 필요한 거야."

나는 방금 쓴 노트로 시선을 떨구었다. 네 번째 조건이란…….

"설렘이 있다."

"맞아. 목표란 누구의 강요도 압력도 없이 달성한 다음을 상상하기만 해도 행복을 느낄 수 있어야 해!"

노신사가 하는 말은 그저 이상론처럼 들렸지만, 어쨌

든 이야기에 집중하기로 했다.

"성공했다고 뽐내는 것들이 우쭐해서는 아이들에게 꿈을 가지라는 무책임한 말을 하지. 다들 갖고 싶어도 갖지 못하기 때문에 힘든 건데 말이야."

그러고 보니 최근 몇 년 동안 나도 꿈이라는 말을 들을 때마다 두드러기가 날 것 같았다.

"어린 시절부터 꾸는 꿈 따위는 필요 없다네!"

노신사는 단호했다.

"필요한 건 급속히 변화하는 시대를 살아가기 위해 꼭 필요한, 자신을 변화시키고 성장시키기 위한 목표야! 어떤 시대에도 꺾이지 않고, 강하게 살아남기 위해 흔들리지 않는 축이 될 목표가 있어야 한다네."

나는 소름이 돋았다. 그리고 왠지 몸이 조금 가벼워진 느낌이 들었다.

"그럼 이제부터 함께 목표를 설정해보세. 내 질문에 대답하다 보면 누구나 설정할 수 있으니까 안심하고. 그

목표의 양식

20××년 ○월 △일까지

```
┌─────────────────────────────────┐
│                                 │
│                                 │
│                                 │
│                                 │
│                                 │
└─────────────────────────────────┘
```

을 달성해서

```
┌─────────────────────────────────┐
│                                 │
│                                 │
│                                 │
│                                 │
│                                 │
└─────────────────────────────────┘
```

가 되겠다!

럼 우선 목표를 설정할 수 있는 양식을 알려주지."

"목표를 설정하는 방식은 여러 가지가 있지만, 자네의 상태라면 이 표준 양식이 좋겠군. 네 가지 조건을 충족하고, 이 양식으로 완성된 문장이 자네의 목표가 될 걸세."

나는 고등학교에서 시험 직전의 수업을 듣는 것처럼 정성을 다해 필기했다. 노신사는 나의 목표를 끌어내기 위해 질문을 퍼부었다.

Q 본인에게 성공한 상태란 어떤 상태인가?

부자가 되어 바다가 보이는 집에 살면서 고급차를 타고…….

Q 그때 연봉은?

3,000만 엔은 되었으면 좋겠는데…….

Q 부자가 돼서 더 하고 싶은 것은?

효도를 하고 싶어요.

Q 어떤 식으로?

안심하고 노후를 보낼 수 있는 지역에 난방이 잘되는 집을 사

드리고 싶어요.

Q 그때 자신이 어떤 일을 하고 있을까?

회사를 경영하고 싶은데……. 이 토마토를 팔고 싶어요!

Q 지금 대략 몇 년 후를 상상하고 있는가?

3년 후쯤?

Q 3년 후에 어떤 모습으로 토마토 판매를 하고 있을까?

전 세계에서 이 토마토를 팔고 있어요!

Q 주변 사람들에게 듣고 싶은 호칭은?

토마토로 갑부가 된 남자! 아니, 토마토 왕자! 그런…….

Q 지금 설레는가? 토마토 왕자!

네! 상상만 해도 가슴이 두근거려요!

취한 것처럼 기분 좋아 보이는 나를 흐뭇하게 바라보며 노신사는 질문을 멈추었다.

토마토 왕자가 되어라!

"좋아! 여기까지 떠올렸다면 목표를 설정할 수 있어. 우선 기한을 3년 후인 20××년 ○월 △일로 적게!"

몽롱한 기분에서 깨어난 나는 노트에 기한을 적었다. 그것을 본 노신사는 내가 대답한 것을 확인하듯 천천히 말했다.

"3년 뒤 자네는 전 세계에서 토마토를 팔아 연봉이 3,000만 엔이 된다. 그리고 바다가 보이는 집에 살면서 부모님께 집을 선물하겠다는 거지?"

"맞아요. 하늘의 별 따기 같은 이야기지만요."

"이런 수준의 목표는 식은 죽 먹기야. 난이도 최하위라네."

노신사가 그렇게 말하자 정말 그렇게 믿고 싶어지는 자신이 두려웠다.

"토마토 왕자! 목표 양식의 첫 번째 빈칸에 들어갈 말을 생각해보게. 다시 묻겠네. 3년 후의 본인은 무엇을 달성했을까?"

내가 잠시 생각에 잠기자 노신사는 기다리다 못해 소리쳤다.

"안 돼, 안 돼! 물벼룩만도 못한 현재 자신의 머리로 생각하면 안 돼! 뭐든지 할 수 있는 토마토 왕자가 되어 자유롭게 생각하고 목소리를 내게!"

시키는 대로 하자 신기하게도 여러 가지가 자연스럽게 떠올랐다.

"토마토 매장을 전 세계 각국에 열었어요!"

"전 세계라면 구체적으로 몇 개국인가?"

"음……. 독일, 이탈리아, 프랑스, 스페인, 영국……
10개국입니다!"

"훌륭해! 그것이 3년 후 토마토 왕자가 달성할 가장
설레는 일이라면 첫 번째 빈칸에 그대로 숫자를 넣어 쓰
면 된다네."

나는 빈칸에 토마토 매장을 전 세계 10개국에 오픈한
다고 적었다.

"자, 마지막 질문이네. 토마토 매장을 전 세계 10개국
에 오픈하는 것을 달성하면 자네는 세상에서 어떤 사람
으로 불릴까? 가능한 한 크고 담대하게 생각해보게."

이 질문에 대한 답을 생각해내기까지는 그리 오래 걸
리지 않았다. 신기하게도 정말 3년 후의 내가 된 듯했다.

"토마토로 부자가 되어 세상에서 제일가는 토마토 왕
자라 불리는 남자가 되었습니다!"

나는 현재의 위기 상황을 잊고 바보처럼 들떠 있었다.

노신사는 크게 웃으며 말했다.

"좋아! 하지만 두 번째 빈칸을 완성하려면 포인트가

목표의 양식

20××년 ○월 △일까지

> 토마토 매장을 전 세계 10개국에 오픈

을 달성해서

> 토마토로 세상에서 가장 많은 사람을 웃게 한
> 토마토 왕자라 불리는 남자

가 되겠다!

하나 더 있지. 그것은 세상에 어떤 공헌을 할 수 있는지 생각하는 거라네!"

"세상에 어떤 공헌을 할 수 있는지……."

"자신이 어떻게 되고 싶은지 생각하는 것도 중요하지만, 그 이상으로 자신이 세상에 어떤 공헌을 할 수 있는지 그려보면 훨씬 설레지 않겠는가?"

나는 눈을 감고 잠시 생각해보았다. 그러자 이런 생각이 떠올랐다.

"토마토로 세상에서 가장 많은 사람을 웃게 한 토마토왕자라고 불리는 남자가 되었습니다!"

노신사는 활짝 웃는 얼굴로 나를 바라보며 두 번째 빈칸을 적어 목표를 완성하라고 지시했다.

"좋아, 이걸로 자네의 목표는 일단 완성이라네."

노신사는 만족스러운 듯 고개를 끄덕였다.

그날 노신사와의 대화를 통해 설정한 목표는 3일 전까

지도 내 사무실에 크게 걸려 있었다. 물론 수첩 속에도 크게 적어 놓고 매일 보려고 했다. 그 목표를 달성한 나는 지금 새롭게 3년 후의 목표를 설정해 나아가고 있다.

"사장님께도 그런 시절이……."

화려한 내 모습만 봤던 비서 수연은 놀란 표정으로 나를 바라보았다.

"그런데 사장님! 한 가지 궁금한 게 있는데, 그 노신사는 어떻게 비가 오나 눈이 오나 사장님이 몇 킬로미터나 걸어서 토마토를 팔고 있다는 사실을 알고 있었을까요?"

"그러고 보니 그렇네……."

지금 생각해보면 노신사는 내가 말한 것 이상으로 나를 잘 알고 있었던 것 같다.

나는 수연을 바라보며 위스키를 들이켰다.

결국 해내는 당신을 위한 조언

☑ 나만의 마법의 성공 노트를 만들어라!
자신의 목표를 달성하기 위한 성공 노트를 만든다.

☑ 성공한 사람도, 평범한 사람도 타고난 능력에는 별 차이가 없다.
다만, 성공하는 사람에게는 반드시 목표가 있다.

☑ 성공을 위해 자신을 이상적인 상태로 바꾸려면 목표가 필요
하다.
이상적인 상태란 자신이 원래 지니고 태어난 능력이 목표를
향해 최대한 발휘되는 상태를 말한다.

☑ 성공한 사람은 평범한 사람보다 목표를 향해 모든 에너지를
한 점에 집중시킨다.

☑ 변화하려는 노력이 필요하다.

　이번 달에는 성과가 부족했던 지난달과 어떤 다른 행동을 하고 있는가?

☑ 이상적인 인생을 손에 얻고 싶다면, 그저 땀 흘리는 노력을 반복하기 전에 항상 변화를 선택하고 궁리하는 노력이 필요하다.

☑ 진정 필요한 건 급속히 변화하는 시대를 살아가기 위해 꼭 필요한, 자신을 변화시키고 성장시키기 위한 목표이다.

☑ 자신이 세상에 어떤 공헌을 할 수 있는지 생각한다.

☑ 목표 설정에는 네 가지 조건이 있다.

- 기한이 있다. (목표 달성 기한을 명확히 적는다.)

- 달성했는지 객관적으로 측정할 수 있다

- 지금 이대로는 달성할 수 없을 것 같은 목표다. (자신이 세상에서 어떤 사람으로 불릴까? 가능한 한 크고 담대하게 생각해본다.)

- 설렘이 있다. (목표란 누구의 강요도 압력도 없이 달성한 다음을 상상하기만 해도 행복을 느낄 수 있어야 한다!)

8 Questions for Success

제3장

성공을 위한
마법의 시작, M215

목표가 생명이다!

노신사가 기분도 전환할 겸 걷자고 해서 우리는 석양 빛을 등지고 마치 청춘드라마처럼 강변을 걸었다.

"토마토 왕자, 잘 기억하게. 사람은 목적도 모르고 어디에 있는지도 모르는 별에서 태어나 살아가게 되지. 게다가 이 세상은 불합리하고 불공평한 일로 가득해."

나는 노신사의 조각 같은 옆모습을 보며 크게 고개를

끄덕였다.

"그러니까 살아가는 목적은 스스로 만드는 수밖에 없어. 그리고 불공평함을 한탄할 시간이 있다면 성장하기 위해 변화하려고 노력하는 게 나아. 목표는 우리에게 변화하는 힘만이 아니라 영원한 생명을 준다네! 목표가 없는 인생은 죽은 것과 마찬가지야."

기분이 꽤 좋은 듯 열변을 토하는 모습은 드라마에 나오는 열혈 선생 같았다.

"오늘 자네는 목표를 얻었어. 그리고 오늘 토마토 왕자가 된 거라네."

아무리 나라고 해도 이 말을 그대로 받아들일 만큼 어수룩하지는 않았다. 어떻게 봐도 나는 아직 토마토 왕자는커녕 토마토 하나 제대로 팔지 못하는 한심한 예비 백수다.

내 기세가 조금 꺾인 것을 민감하게 눈치챈 노신사는 말을 이었다.

"아마도 자네는 지금, 목표가 완성되기 전보다 지금의 자신이 싫어졌겠지."

확실히 나는 조금 냉정해져서 이대로는 안 된다는 불안과 초조를 느끼고 있었다. 현재 내 모습과 이상적인 내 모습이 지나치게 동떨어졌기에 조바심일지 막막함일지 모를 감정도 느꼈던 것 같다.

"지금 자네가 느끼는 불쾌한 감정이야말로 목표가 주는 힘의 원천이자 토마토 왕자가 되는 에너지가 된다네!"

의미를 전혀 이해할 수 없었지만, 나는 잠자코 이야기를 들었다.

"아무리 불쾌하고 위기가 찾아온 상태라도, 사람은 변화를 싫어하는 생물이라네. 지금까지 해 온 일이나 지금까지 머물던 장소를 바꾸려고 하면 뇌가 오류라고 판단해 행동을 멈추게 돼. 사람의 뇌에는 강한 현상 유지 기능이 갖추어져 있으니까 말일세."

인생 최대의 위기였음에도 지금까지 새로운 방법을

생각하지 않았던 이유가 단지 고통을 즐겼던 것도 아니고, 게으름을 피웠던 것도 아니었음을 알게 되자 조금 안심이 되었다.

"자네가 지금 느끼는 불쾌한 감정이야말로 현상 유지 기능을 부수고, 자신을 변화시키는 에너지가 될 수 있어. 이대로 있고 싶지 않다는 마음이 강하면 강할수록 자신을 더 빠르게 토마토 왕자로 변신시켜 줄 거야."

내 마음이 들리는 듯 노신사는 최고의 타이밍에 불안 요소를 걷어내 주었다.

"자네를 위해 다시 한번 말하지. 자네는 오늘부터 최고의 상태를 손에 넣은 3년 후의 자신, 바로 토마토 왕자가 되는 거라네!"

"넵! 마이네임 이즈 토마토 왕자!"

노신사의 기세에 나는 완전히 몸을 맡겼다.

"잘 기억해 둬! '언젠가…'라거나 '3년 후…'라고 해서 지금 당장 행동하지 않는 안타까운 사람이 많이 있다네."

나를 가리키는 말이었다. 그러나 남의 일인 듯 시치미를 뚝 뗀 채 "있고말고요!"라며 고개를 끄덕였다.

"지금 이 순간부터 목표를 달성한 내가 되고, 부족한 부분을 메우기 위해 필사적으로 생각해 행동한다. 그래야 정말 필요한 준비를 할 수 있고, 목표를 달성할 수 있는 거야."

굉장히 인상적인 말이었다. 나는 이 말을 재빨리 노트에 적었다.

"알겠나? 토마토 왕자! 자네는 이제 토마토 왕자가 되어 3년 후의 목표를 향해 한 걸음 한 걸음씩 작은 목표를 달성해 나가야 한다네."

석양을 등지고 말하는 노신사가 마치 신처럼 보였다.

"사람의 뇌에는 필터 기능이 있어. 눈과 귀로 들어오는 정보를 모두 잡으려 하면 머리가 터질 것 같기 때문이지."

"아하······."

"토마토 왕자! 지금 제일 갖고 싶은 게 뭔가?"

"애인, 돈, 따뜻한 이불, 사랑, 자동차, 손목시계, 그리고······."

"그만, 그만하게. 이런 경험은 없는가? 정말 갖고 싶은 게 있으면 그것만 눈에 들어오는 경험 말이야."

"있어요! 거리를 걷다 보면 커플들만 눈에 들어와요!"

"그건 질투지. 이제 됐어. 이야기를 진행해보세. 사람의 뇌는 지금 정말 필요하고 원하는 구체적인 정보만 자연스럽게 포착하게 되어 있다네."

"아······."

"토마토 왕자는 지금 정말 필요하고 원하는 정보가 없으니 커플의 다정한 모습만 뇌가 포착하는 거라네."

(꼴사납구나······)

"그런데 3년 후의 자신이 될 수 있다면 어떻겠나? 토마토 왕자는 지금의 볼품없는 자네와는 달리 필요하고 원하는 정보가 산더미처럼 있을 거야! 앞으로는 이탈리아나 프랑스 매물에도 안테나를 세울 거라네."

"그렇군요! 분명히 토마토 왕자는 절세의 미녀에게만 관심이 있을 거고요."

"……. 지금의 토마토 군인 채로는 무엇을 생각하고, 어떻게 노력해도 안 된다는 것은 알지 않는가? 이제부터 토마토 왕자가 되어 매일 이상적인 상태로 살면 3년 후의 토마토 왕자가 필요로 하는 정보를 알아차릴 수 있어. 그러면 어느새 3년 후에는 인기 많은 토마토 왕자가 되어 있는 거지."

나는 무심코 석양으로 물든 하늘을 향해 오른손 주먹을 크게 치켜들었다.

"이런! 토마토 왕자! 지금 몇 신가?"

갑자기 노신사는 허둥지둥하며 내게 시간을 물었다.

"곧 6시예요!"

"미안하지만, 오늘은 여기까지라네! 데이트 약속을

잊고 있었어.”

(데이트……?)

“오늘은 목표를 찾은 것만으로도 큰 성과였어.”

확실히 나는 약간의 만족감에 젖어 있었다. 그리고 오랜만에 미래가 조금 기대되었다.

“세상에는 오늘 하루를 살아남기 위해 필사적으로 일해야 하는 아이들이 셀 수 없을 만큼 많다네. 그런데 아무리 불경기라고 해도, 혜택받은 나라에서 태어나 설레는 목표를 향해 살지 않는 것은 벌 받을 일이야.”

아킬레스건을 쭉 펴면서 말하는 노신사를 바라보며 나는 강하게 동의했다.

“내일 4시에 여기로 오게! 내일은 어떤 목표도 이룰 수 있는 여덟 가지 질문을 알려주지.”

“잘 부탁드립니다.”라고 말하려던 순간이었다. 노신사는 사냥감을 노리는 사자에게 쫓기듯 전력 질주하며 사라졌다.

그날 밤 설레는 목표를 큰 종이에 적어 벽에 붙였다. 목표를 종이에 적어 언제든지 볼 수 있는 곳에 붙이기만 해도 달성할 수 있다고 예전에 어떤 책에서 읽은 적이 있었기 때문이다.

얇디얇은 이불을 몸에 둘둘 말던 나는 그 목표를 바라보며 곰곰이 생각에 잠겼다. 과연 무엇을 해야 할까.

10분······, 30분······, 60분······.

정신을 차려보니 아침이었다.

여덟 가지 마법의 질문

다음 날, 나는 여느 때와 전혀 다르지 않은 하루를 보내며 그 언제보다 훨씬 초조했다. 어떻게 해도 일에 집중할 수 없어서 약속 시각보다 조금 일찍 강변으로 향했다. 그곳에는 혼자 멍하니 무릎을 감싸고 웅크린 사람이 있었다. 다가가 보니 어제와 똑같은 차림을 한 노신사의 등이 보였다.

"안녕하세요! 오늘도 잘 부탁드립니다!"

활기차게 말을 걸었지만, 전혀 반응이 없었다. 이상한 느낌에 노신사 옆에 앉아 얼굴을 들여다보았다. 노신사는 넋이 나간 눈동자로 먼 곳의 한 점을 응시한 채 경직되어 있었다. 일단 조용히 옆에 앉아 있기로 했다.

내 존재를 알아차린 노신사는 한 점을 응시한 채 작은 소리로 중얼거리기 시작했다.

"네 탓이야……. 토마토 탓이야……. 바보 토마토! 망할 토마토!"

분명 어제 데이트가 잘 안되었을 것이다. 나는 피해자가 된 노신사의 등을 문지르며 귀갓길을 재촉하는 까마귀들을 잠자코 바라보았다.

어느새 햇빛은 사라지고 공기도 서늘해졌다. 그때였다. 노신사는 벌떡 일어나 두 팔을 벌리고 달을 향해 큰 소리로 외쳤다.

"캐서린!"

그리고 내 앞에 서서 내려다보며 말했다.

"애송이 토마토! 빨리 어제 일을 계속하세!"

나는 아무 말 없이 노트와 펜을 꺼내 큰소리로 대답했다.

"잘 부탁드립니다!"

역시 완벽한 인간이란 존재하지 않는군.

노신사는 아무 일도 없었다는 듯이 어제의 이야기를 계속했다.

"어제 토마토 군은 목표를 발견하고 토마토 왕자가 되었지! 이건 멋진 변화라네."

"네. 어제 목표를 종이에 적어서 벽에 붙였어요!"

"허, 왜 그랬지?"

"그게, 매일 보이는 곳에 붙여 놓기만 해도 목표를 달성할 수 있다고 어떤 책에서 읽은 적이 있어서……."

"확실히 목표를 매일 보고 의식하는 건 중요해. 하지

만 당연히 그것만으로 바뀌는 게 없지."

"그렇죠. 어젯밤 목표를 보면서 뭘 해야 할지 생각해봤는데 아무것도 떠올리지 못하고 결국 잠이 들었어요."

"내가 말했지. 지금의 못난이 애송이 토마토 상태로 뭔가 생각하는 건 시간 낭비라네. 아직은 다정한 커플의 모습을 보면서 부러워하는 게 나을 정도야."

(……)

"그리고 이것만은 명심하게! 목표 달성에 효과적인 방법은 있어도 편한 방법은 없어! 어리석은 자는 곧잘 책에 쓰여 있을 법한 편한 방법으로 덤벼들려고 하지. 성공한 사람들이 결과적으로 해왔던 일을 목표도 없는 일반인이 따라 한들 역효과가 나는 줄도 모르고 말이야."

바로 내가 그 어리석은 자 중 한 명이었다. 노신사의 지혜도 편한 방법일까 엄청나게 기대했다.

노신사는 내 어깨에 크고 따뜻한 손을 얹으며 말을 이었다.

"좋아. 그럼 이제 어떤 목표도 달성해줄 여덟 가지 마법의 질문을 전수하겠네."

마법이라는 말을 듣는 순간 곧바로 편한 방법을 기대한 나는 펜을 꽉 움켜쥐고 노신사의 이야기에 집중했다. 그러자 노신사는 이런 말을 하기 시작했다.

"이제 알려줄 여덟 가지 마법의 질문에는 두 가지 이상한 힘이 숨어 있다네! 하나는 자네를 토마토 왕자로 바꾸는 힘! 다른 하나는 자네를 토마토 주스로 바꾸는 힘이지."

노신사는 멍해진 내 눈을 보았다.

"토마토 주스란 바로 지옥의 모습이야. 자네가 토마토 주스처럼 피투성이가 되어 이 세상에서 사라진다는 말일세."

갑자기 과격하고 무서운 말을 내뱉는 노신사가 순간 피도 눈물도 없는 염라대왕처럼 보였다.

"이 여덟 가지 질문을 알고 난 뒤에는 꼭 지켜야 할 약속이 있어. 그 약속을 지키면 자네는 반드시 토마토 왕자가 될 수 있다네! 하지만 만약, 그 약속을 한 번이라도 어긴다면…… ."

순간, 노신사가 세상이 하얗게 보일 정도로 무서운 안광을 뿜었다.

"그래도 자네는 이 여덟 가지 마법의 질문을 알고 싶은가?"

"네, 넵!"

나는 어떤 약속인지도 묻지도 않고 위세 있는 목소리로 노신사를 향해 고개를 숙였다.

"약속은 간단해. 질문은 두 종류가 있어! 월 2회 하는 네 가지 질문과 매일 아침에 하는 네 가지 질문! 매월 2회 15분, 매일 아침 10분, 휴일을 제외하고는 반드시 시간을 내서 확실하게 대답한다! 그뿐이네."

힘든 약속이 아닌 것에 안도한 나는 의기양양한 미소를 지으며 고개를 끄덕였다.

전용기가 심하게 흔들리기 시작했다. 비서 수연은 샴페인 잔을 단숨에 비웠다. 경계심이 남다른 수연이 평소보다 가까운 거리에서 몸을 내밀어 이야기에 귀를 기울이고 있었다. 나도 토마토 주스를 섞은 위스키를 두 잔째 마시고 수연의 잔에 샴페인을 따랐다.

그때 의기양양했던 노신사와의 약속은 실제로 해보니 의외로 힘들었다. 솔직히 익숙해지기 전까지는 매일 토마토를 팔기 위해 아침부터 저녁까지 돌아다니는 것보다 힘들었다.

특히 습관으로 자리 잡기 전까지 3개월 동안은 몇 번이나 빼먹을 뻔하기도 했다. 하지만 그때마다 염라대왕 같은 눈과 마지막에 노신사에게 들은 구두닦이 소년의 이야기를 떠올리며 노신사와 나의 가능성을 믿고 묵묵히 길을 걸어갔다.

"그럼 이제 자네를 이상적인 상태인 토마토 왕자로 변

신시키기 위한 여덟 가지 마법의 질문을 소개하지."

노신사는 그렇게 자신의 비법을 하나씩 말해주기 시작했다.

M215 네 가지 질문

"우선 월 2회, 즉 보름에 한 번, 15분 동안 대답하는 네 가지 질문부터 알아보겠네. 월(Month) 2회, 15분이라서 이름은《M215》!"

"《M215》······."

멋진 오토바이 같은 네이밍에 나는 살짝 흥분을 느꼈다.

"먼저 내 지혜가 왜 질문뿐인지 설명해주지. 사람의 행동은 자신에게 던지는 질문으로 정해진다네. 삶의 질은 자신에게 하는 질문의 질로 결정된다고 해도 과언이 아니야. 토마토 왕자가 될 때까지 변화하고 성장하려면 먼저 자신에게 하는 질문을 바꿔야 하네."

나는 노신사의 말에 귀를 기울였다.

"이제 알려주는 여덟 가지 마법의 질문은 자네를 가장 빠르게 토마토 왕자로 변화시키고 성장시키기 위해 꼭 필요한 최고급 질문이란 걸 기억해 둬. 그럼《M215》첫 번째 질문. '목표를 달성한 3년 후의 나는 3년 후 오늘, 무엇을 하고 있는가?'"

"토마토 군의 경우 3년 후의 상태를 목표로 했으니 3년 후라고 하는 거야. 목표를 1년 후라고 해도 되고, 10년 후라도 상관없어. 다만 아무리 짧아도 6개월 이상 으로 설정하는 것이 핵심이라네."

나는 몇 번이나 세차게 고개를 끄덕이면서 노신사의 말을 메모했다.

"이 질문은 지금부터 보여줄 열세 개의 관점을 통해 구체적이고 컬러 영상으로 떠올리면 돼."

Question 1

목표를 달성한
3년 후의 나는
3년 후 오늘,
무엇을 하고 있는가?

노신사는 주머니에서 구겨진 종이를 꺼내 내게 건넸다.

종이에는 '개인적인 측면'과 '일적인 측면'으로 나뉜 열세 개의 구체적인 질문이 엄청 지저분한 글씨로 적혀 있었다.

"이 열세 개의 관점을 집에 돌아가서 곰곰이 생각해 보게. 예를 들어 3년 후 토마토 왕자는 어떤 일주일을 보내고 있을까?"

"어떤 일주일이라……. 음, 일주일에 3일은 전 세계를 날아다니고 싶은데……."

주저하며 대답하는 나에게 노신사는 따끔하게 참견했다.

"이봐, 토마토! 앞으로는 '하고 싶은데……'라고 말 끝을 흐리지 말고, '하고 있다!'라고 하게!"

나는 황급히 다시 말했다.

"일주일에 3일은 전 세계를 새빨간 토마토 컬러의 전

용기를 타고 날아다닙니다! 주 2일은 토마토 밭을 시찰하거나 토마토 신품종을 개발하고, 주 2일은 쉽니다!"

"그래야지! 그렇게 좀 더 구체적으로, 컬러로 상상하면 된다네. 무엇보다 떠올린 다음에 어떤 기분인지 맛보는 것이 중요해."

(중요한 것은 기분이구나!)

"결국 사람이 목표를 달성해 얻고 싶은 건 그 기분이니까. 흥미롭게도 그 기분은 상상만 해도 맛볼 수 있어. 한 달에 두 번이라도 그 기분을 맛보면 자네는 토마토 왕자가 될 수 있다네."

"아……."

모호하게 대답하는 나를 보고 노신사가 크게 꾸짖었다.

"설렘에서 도망치지 말게!"

이 말에 나는 가슴이 저렸다.

"설렘을 느껴도 현실로 돌아오면 낙담하게 되니까 많은 사람이 현실을 보라고 스스로 타이르면서 설레는 목표에서 눈을 돌린다네. 한심한 자신이 더 싫어지지 않기 위해서 말이야."

필사적으로 메모하는 내 상태를 확인하면서 노신사는 말을 이었다.

"만약 설레지 않는다면 이 첫 번째 질문을 통해 목표를 재검토할 필요가 있어. 이제 두 번째 질문이네! '1년 후 어떤 상태가 된다면 확실히 목표를 달성할 수 있는가?'"

"목표를 2년 이상 후로 설정한 경우는 1년 후, 2년 이하로 설정한 경우는 목표까지의 절반의 기간으로 생각한다! 5년 이상 후로 목표를 설정한 경우는 3년 후의 상태를 생각한 뒤에 이 질문을 하는 것이 좋아."

"그런데 저 같은 사람이 그 상태를 지금 생각해 낼 수 있을까요?"

"그건 힘들어."

"……."

Question 2

1년 후 어떤
상태가 된다면
확실히 목표를
달성할 수 있는가?

"몇 번이나 말하지만, 지금의 애송이 토마토는 그 답을 생각할 수 없다네. 3년 후의 토마토 왕자만이 그 답을 생각할 수 있을 걸세."

"그럼, 도대체 어떻게 해야……."

"첫 번째 질문에서 자네는 목표를 달성한 3년 후의 토마토 왕자가 되었어. 그러니 이 질문의 답은 현재의 자네가 아니라 토마토 왕자가 생각해내는 것이네."

뭐가 뭔지 이해가 되지 않았으나 일단 토마토 왕자에 기대어 가보고자 했다.

"안심하게! 그럼 이 질문에 대한 답을 생각하기 위한 구체적인 방법을 알려주지. 첫 번째 질문에서 자네는 목표를 달성한 3년 후의 자신을 떠올려서 그때 자신이 무엇을 하고 있는지 알 수 있었지. 그리고 목표를 달성한 3년 후의 자신이 하고 있고, 현재의 자신이 하고 있지 않은 일을 생각해 종이에 써 보는 것일세."

"아아……."

나는 열성적으로 메모했다.

"이 작업을 하면 재미있는 발견을 할 수 있어! 뭐라고 생각하나?"

"……죄송합니다, 전혀 모르겠어요."

"……. 바로 그중에서 최소한 다섯 가지는 지금 하려고 하면 바로 할 수 있다는 것이지."

"다섯 가지나요? 정말이요?"

"그렇다네! 예를 들어 3년 후 토마토 왕자가 입고 있는 옷이나 머리 모양, 말투 같은 건 조금만 애써도 금방 할 수 있지."

"그런 거라도 상관없나요?"

"그런 게 정말 중요하다네! 3년 후의 내가 되기 위해서 말이야. 그리고 나머지는 당연히 지금의 내가 할 수 없는 것, 그것이 가능해지기 위해 우선 1년 뒤까지 자신이 어떤 상태에 있어야 하는지 생각하는 거라네."

나는 그 어느 때보다 뇌를 회전시키면서 노신사의 말에 귀를 쫑긋 세웠다.

"이미지가 만들어지면 목표의 양식대로 1년 후 버전

의 목표를 적는다!"

나는 잠시 목표 양식을 수정하고 조용히 고개를 끄덕였다.

"1년 후의 작은 목표도 네 가지 조건을 충족시켜서 설정해야 하고!"

"알겠습니다! 해볼게요!"

"그럼 세 번째 질문! '1년 후의 상태를 달성하기 위해 이번 달 최소한 달성해야 할 목표는?'"

"사람은 1년 후의 목표로부터 오늘날 무엇을 하는 게 최선인지 판단할 수 없어. 그래서 다음에는 한 달 뒤까지 목표를 줄여야 하네."

"최소한이라는 부분이 조금 의외네요."

"눈치 빠르게 알아차렸군! 한 달 단위 목표 설정의 포인트는 최소한이라네. 이유가 뭐겠나?"

도무지 알 수 없었지만 나는 짐짓 생각하는 척을 하며 답을 기다렸다.

Question 5

**1년 후의 상태를
달성하기 위해
이번 달 최소한
달성해야 할 목표는?**

"자네에게도 한 달의 최저 할당량이 있지?"

"네. 토마토 50개 판매예요. 참고로 반년 전만 해도 꼬박꼬박 50개를 팔았어요."

"그건 50개를 못 팔면 어떻게 될 것 같아서 그래?"

"해고……?"

갑자기 현재의 상태가 떠올라 나는 크게 한숨을 쉬었다.

"하지 않으면 고통이 기다리고 있으니까 50개를 목표로 했던 건가?"

"그렇게 되네요."

"사람을 행동하게 하는 가장 강한 동기는 고통을 피하기 위함이지. 그래서 이 방식은 어떤 의미에서 효과적인 방법이라고 할 수 있어. 사실 전 세계 기업의 99%가 이 방식으로 매니지먼트를 하고 있다네."

노신사는 득의양양한 얼굴로 이야기를 이었다.

"그래서 이 방식은 삼류기업이 하는 거라네. 장기적으로 생각하면 효과적이지 않아. 왜냐하면 다른 사람이 하라고 정해놓은 일은 사람의 사고를 제한시키거든."

해고 직전의 상황에도 같은 행동만 하던 상황을 생각하면 납득이 되었다.

"다만 고통을 피한다는, 사람이 지닌 가장 강한 행동의 동기를 활용하지 않을 수는 없어."

"자신이 정한 목표를 향해 자신이 정한 할당량이 있다면 사고를 제한하는 일 없이 더 강하게 불쾌감을 느끼면서 노력할 수 있다는 거네요!"

"훌륭해! 바로 그렇다네."

나는 의외로 괜찮은 내 발언에 놀랐다.

"한 달 단위의 작은 목표는 간단한 글에 숫자를 포함시키는 것이 핵심이라네."

"간단한 글에 숫자를……."

"어떤 목표든 숫자로 만들 수 있어! 예를 들어 영어 실력을 높이는 것이 목표라면 시험 점수도 좋고, 레슨 참여 횟수도 좋겠지. 외국인과 이야기하는 시간도 괜찮을 거고."

"그렇죠."

"좋아, 그럼 《M215》의 마지막 네 번째 질문이라네!
'이번 달 목표를 달성하기 위해 결단할 수 있는 세 가지
일은 무엇인가?' 오늘은 이 질문으로 마무리하세. 날이
저물었으니 말이야."

"아까도 설명했지만, 자네처럼 기분 나쁜 일반인은
에너지를 확산시킨다네! 목표를 향해 효과적으로 자신
의 에너지를 집중시키기 위해 우선 해야 할 일은 결단이
지."

(기분이 나쁘다고……)

"결단의 의미는 알고 있는가?"

"무언가를 한다고 결정하는 거잖아요."

"달라! 결단이란 말 그대로 무엇인가를 잘라낸다는
의미! 즉, 목표 달성 이외의 가능성을 잘라낸다는 뜻이
야!"

"아…… 세 가지 가능성을 잘라낸다는 것은?"

나는 혼란스러워서 노트 쓰기를 멈추고 노신사를 바

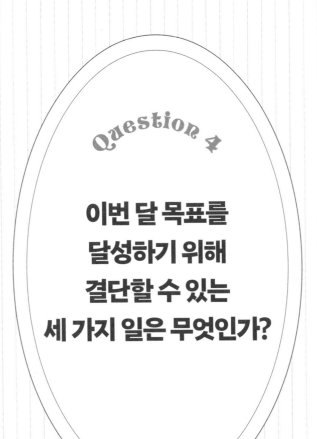

Question 4

이번 달 목표를
달성하기 위해
결단할 수 있는
세 가지 일은 무엇인가?

라보았다.

"목표 달성 이외의 행동 세 가지를 관두면 된다는 말이라네. 그 세 가지에 쏟는 에너지를 목표에 집중시키기 위해서 말일세."

지금 내가 할당량을 달성하는 것 외에 무엇에 에너지를 쓰고 있는지 생각해보았다. 요즘에는 피곤해서 인터넷이나 텔레비전을 보는 시간도 줄었고, 절약을 위해 회식도 안 가고 있다. 토마토를 파는 것 말고는 억울할 정도로 하는 일이 없었다.

"토마토 군은 일단 밤에 자기 전에 자신을 피해자라고 망상하는 나쁜 습관을 버려야 해! 뭐 앞으로는 어차피 그럴 시간도 없겠지만."

이 노신사는 혹시 우리 집안을 몰래 촬영하고 있는 것일까? 그런 의심이 들 정도로 나를 꿰뚫어보고 있었다.

"좋아, 오늘은 여기까지네. 아까 준 《M215》의 답을 노트에 적고 내일 4시에 다시 여기로 오게! 내일은 드디어 목표를 향해 하루하루를 이상적인 상태로 보내기 위한

《D110》을 전수하지!"

"《D110》……. 내일도 잘 부탁드립니다!"

그러나 노신사는 내 열의가 안중에도 없는 듯 토마토로 시선을 옮겨 태연하게 말했다.

"너무 익은 토마토 세 개를 3,000엔에 팔 텐가?"

"세 개에 3,000엔이요? 아니, 적어도 5,000엔은 받아야……."

"어차피 오늘은 못 팔아. 내일은 너무 익어버릴 테고!"

아무 말도 못 하고 나는 너무 익은 토마토 세 개를 봉지에 담아 노신사에게 건넸다.

"바이바이! 토마티! 씨유 토모로!"

노신사는 토마토 세 개가 든 봉지를 휘두르며 달빛을 등지고 사라졌다.

집에 돌아온 나는 이불을 둘둘 말고 곧바로 《M215》에 착수했다. 먼저 눈을 의심할 정도로 더러운 글씨로 쓰인 열세 개의 관점에 관한 메모를 내 노트에 옮겨 적었다.

그리고 나는 15분은커녕 두 시간이 넘도록《M215》를 기분 좋게 상상했다.

수연은 전에 본 적 없는 눈빛으로 나를 바라보며 말했다.

"그때 썼던《M215》없나요? 정말 궁금해요!"

나는 그때 처음 쓴《M215》를 부적처럼 줄곧 수첩에 넣어두었다. 조금 망설였지만, 나는 그 부적을 수연에게 건넸다.

생각해보면 그때 이불 속에서 처음 떠올린 3년 후의 미래는 거의 실현되었다. 3년 전에 쓴《M215》는 다음과 같다.

전체 목표의 양식

20××년 ○월 △일까지 '토마토 매장을 전 세계 10개국에 오픈하기'를 달성해서 '토마토로 세상에서 가장 많은 사람을 웃게 한 토마토 왕자라고 불리는 남자'가 되겠다!

1년 후 목표

20××년 ○월 △일까지 30명의 부하 직원을 육성하면서 매월 350개의 토마토를 판매해 월수입 50만 엔을 달성해 현재 다니는 회사에서 최고의 영업사원이 되겠다!

M215

Q1 목표를 달성한 3년 후의 나는 3년 후 오늘, 무엇을 하고 있는가?

개인적인 측면

관점1   어떤 집에 살고 있는가?

남쪽 나라 해안가에 하얀 외관의 수영장 딸린 집.

관점2　어떤 복장인가?

빈티지 청바지에 빨간색, 흰색 오리지널 알로하 셔츠.

관점3　어떤 사람과 함께 있는가?

배려심 있고 품위 있는 아내와 나를 닮은 아들, 지금의 친한 친구, 전 세계의 서핑 동료.

관점4　어떤 말투로 가족, 친구, 연인과 어떤 이야기를 하는가?

가족: 침착하고 상냥한 목소리로 아들의 일이나 여행 계획 등을 아내와 이야기한다.

친구: 지금과 다르지 않은 느낌으로 실없는 농담이나 서핑 이야기를 한다.

관점5　어떤 기분으로 하루를 보내는가?

여러 가지 일에 설레면서, 도전하면서도 여유가 있는…….

일적인 측면

관점6　어떤 일을 하고 있는가?

토마토 매장을 세계적으로 확산. 비즈니스 파트너 찾기.

국가에 맞는 토마토 요리 개발.

관점7　어떤 복장으로 일을 하고 있는가?

누구나 한눈에 토마토 왕자라는 것을 알 수 있도록 토마토처럼 새빨간 스리피스 정장.

관점8　어떤 고객에게 무엇을 제공하고 있는가?

이 토마토의 열렬한 팬들과 가끔 사치를 하러 토마토를 사러 오는 고객들을 최고로 대접하며 토마토를 판매하고 있다. 이 토마토를 이용한 요리책도 판매하고 있다.

관점9　어떤 가치를 세상에 제공하고 있는가?

잠깐의 큰 행복. 지금까지의 상식을 뛰어넘어 혀를 놀라게 하는 토마토 요리의 신세계.

관점10　일주일을 보내는 방법은?

주 3일은 전 세계를 날아다니고, 주 2일은 토마토 밭을 찾는다. 주 2일 휴무.

관점11 하루를 보내는 방법은?

아침 7시에 온몸에 햇볕을 받으며 일어난다. 아침에는 토마토 주스를 마시고, 9시경에 회사에 빨간 스포츠카로 출근. 아름다운 비서가 시키는 대로 이동해 미팅을 하고, 점심은 미팅을 하면서 유명 이탈리아 식당에서 먹는다. 오후에는 토마토 요리를 개발하고, 오후 4시에 일을 마치고 바닷가를 드라이브하며 서핑을 하러 간다. 서핑 동료와 석양이 지는 시간을 즐기고, 저녁 7시에 귀가.

아내가 손수 만든 요리를 가족 셋이서 먹으면서 아내와 아들의 하루 일과를 듣고, 아들이 잠들면 아내와 토마토보다 달콤한 나이트 타임……

관점12 어떤 기술이나 지식을 가지고 있는가?

영어 실력, 글로벌 경영 지식. 사람의 의욕을 이끌어내는 커뮤니케이션 능력.

관점13 어떤 기분으로 매일 일을 하고 있는가?

설렘과 두근거림. 항상 냉정하고 자신감 넘치며, 여유로운 느낌.

Q2 1년 후 어떤 상태가 된다면 확실히 목표를 달성할 수 있는가?

현재 다니는 회사에서 최고의 영업사원이 된다.

부하 직원을 30명 정도 두고 육성하고 있다.

영어 회화가 능숙해진다.

경영 공부를 시작한다.

연인이 있다.

월수입 50만 엔 이상 번다.

새빨간 토마토색 자동차를 탄다.

Q3 1년 후의 상태를 달성하기 위해 이번 달 최소한 달성해야 할 목표는?

이번 달에 토마토 50개를 판매한다.

Q4 이번 달 목표를 달성하기 위해 결단할 수 있는 세 가지 일은 무엇인가?

고객에게 "죄송하지만……."이라고 말을 걸며 미안하다는 듯이 영업하는 것을 관둔다.

매일 밤 사회를 원망하는 것을 관둔다. 그리고…….

결국 해내는 당신을 위한 조언

☑ 목표가 없는 인생은 죽은 것과 마찬가지다.

☑ 지금 이 순간부터 목표를 달성한 내가 되고, 부족한 부분을 메우기 위해 필사적으로 생각해 행동한다.

☑ 이제부터 매일 이상적인 상태로 살면 3년 후 목표에 필요한 정보를 알아차릴 수 있다.

☑ 완벽한 인간이란 존재하지 않는다.

☑ 목표 달성에 효과적인 방법은 있어도 편한 방법은 없다.
목표 달성을 위한 습관이 자리 잡도록 매일 노력해야 한다.

☑ 목표 달성을 위한 질문은 두 종류가 있다!

　월 2회 하는 네 가지 질문과 매일 아침에 하는 네 가지 질문!

　매월 2회 15분, 매일 아침 10분, 휴일을 제외하고는 반드시 시

　간을 내서 확실하게 대답한다. 그뿐이다!

☑ 삶의 질은 자신에게 하는 질문의 질로 결정된다.

☑ 목표 기간은 6개월 이상으로 설정한다.

☑ 목표는 구체적으로 컬러로 상상한다. 떠올린 다음에 어떤 기

　분인지도 맛본다.

☑ 사람을 행동하게 하는 가장 강한 동기는 고통을 피하기 위함

　이다. 그러나 다른 사람이 하라고 정해놓은 일은 사람의 사고

　를 제한시킨다.

☑ 결단이란 목표 달성 이외의 가능성을 잘라내는 것이다.

여덟 가지 마법의 질문 I

《M215》 - 월 2회 15분, 네 가지 질문

Q1 목표를 달성한 3년 후의 나는 3년 후 오늘, 무엇을 하고 있는가?

Q2 1년 후 어떤 상태가 된다면 확실히 목표를 달성할 수 있는가?

Q3 1년 후의 상태를 달성하기 위해 이번 달 최소한 달성해야 할

   목표는?

Q4 이번 달 목표를 달성하기 위해 결단할 수 있는 세 가지 일은

   무엇인가?

8 Questions for Success

제4장

1년 365회
인생 리셋, D110

불쾌함이 바로 에너지다

　다음 날, 여전히 무작정 걸어 다니며 간신히 토마토 두 개를 판매한 나는 저녁 4시에 강변에 도착해 노신사를 기다렸다. 5분이 지나고, 10분, 15분을 기다려도 노신사는 나타나지 않았다. 나는 '어제까지의 일이 꿈이었나?' 라고 생각하기 시작했다.

　20분쯤 지났을까. 멀리서 커다란 엔진음이 들려왔다.

새빨간 물체가 점점 다가왔다. 5초 후 눈앞에 처음 보는 빨간 스포츠카가 멈췄다.

"헤이! 토마토 보이!"

놀란 토끼 눈이 된 나의 좁은 시야에 알로하 셔츠를 입고 손을 흔드는 모습이 들어왔다. 마치 불량한 플레이보이 할아버지 같은 느낌이었다.

"아, 지각해서 미안하네! 얘가 어떻게든 자네 토마토를 먹고 싶다고 해서 데려왔어."

그러자 차량 조수석에서 늘씬한 이탈리아계 미녀가 검은 머리카락을 쓸어 올리며 모습을 드러냈다.

"하이! 프린스 오브 토마토! 마이 네임 이즈 안젤리나!"

머리가 따라올 수 없는 전개에 나는 정신을 가다듬고 큰 소리로 인사를 했다.

"헤이! 안젤리나! 아이 엠 프린스 오브 토마토!"

안젤리나라는 이름의 여신은 내가 가지고 있던 토마

토 열여덟 개를 모두 구매한 뒤에 내 뺨에 키스를 하고 빨간 스포츠카를 타고 혼자 사라졌다. 나는 한동안 멍해서 움직이지 못했다.

"자, 시작하세. 토마토 보이! 써온 목표와 《M215》의 답을 보여주게."

나는 정신을 차리고 노트를 노신사, 아니 알로하 노인에게 건넸다.

"생각보다 괜찮군! 기대 이상이야! 일단 소감부터 들려주게."

나는 한 번 크게 심호흡을 하고 나서 소감을 전했다.

"기분이 정말 좋았어요. 신기하게도 1년 후의 상태가 연이어 떠올라서 무사히 1년 후의 목표도 쓸 수 있었어요!"

"훌륭해! 이 노트를 보는 한 이미지가 제대로 떠오를 거야! 앞으로 한 달에 두 번씩, 계속해서 다양한 장면을 떠올리며 비서의 머리 모양과 셔츠 색깔, 저녁 식사 때

아들의 이야기를 듣는 아내의 표정까지 선명하게 그려 보게."

"네. 다만……."

"다만?"

"3년 후의 본인이 하고 있고, 지금 당장 할 수 있는 일이 다섯 가지는 있을 거라고 하셨지만, 머리 모양이나 말투 정도밖에 생각나지 않았어요."

"그건 아직 이미지가 부족해서 그렇다네. 토마토 보이가 아무리 지독한 가난뱅이라고 해도 두 개밖에 못 찾을 리가 없어."

"……."

"하지만 첫 이미지에서 두 개 찾았으면 괜찮은 편이지. 앞으로도 여러 번 이미지를 쌓아가다 보면 적어도 다섯 개는 찾을 수 있을 걸세. 다른 소감은?"

"마지막 질문을 생각하면 좋았던 기분이 사그라지고, 막막하고, 짜증 나고, 초조해요."

"그건 좋은 거야. 어제 설명한 대로 그 불쾌함이 바로 지금까지 자네가 만족했던 장소에서 탈출하기 위한 에너지가 되거든.《M215》를 반복하면서 더 막막하고, 짜증 나고, 초조하고, 불끈불끈하면 좋다네!"

(불끈불끈……)

확실히 오늘도 하루 종일 안절부절못하는 기분에 사로잡혀 있었다.

1년 365번, 처음부터 다시 시작하라!

"그럼 오늘은《D110》을 전수하겠네! 아 유 레디?"

"예스! 컴온!"

"사람은 1년 동안 365번 죽고 다시 태어날 수 있어. 즉 1년에 365번이나 인생을 리셋할 기회가 주어져 있다네!"

다소 흥분했던 나는 갑자기 나온 수상쩍은 이야기에 냉정을 되찾았다. 알로하 노인은 그런 내 모습 따위는 아랑곳하지 않고 진지한 표정으로 말을 이었다.

"1년에 365번이나 인생을 다시 살 수 있다는 것에 우리는 감사해야 해. 다만 매일 일어나는 순간부터 인생을 처음에서 시작해야 하지."

"하지만 제 인생은 자나 깨나 계속 위기 상태의 연속인데요."

"그건 그렇지! 자네가 매일 아침 어제와 같은 인생을 선택하고, 같은 감정으로 살고 있으니 말일세."

알쏭달쏭 잘 이해가 안 되었지만 일단 귀를 기울였다.

"인생은 어떤 감정으로 사느냐에 따라 결정되는 거라네. 토마토 보이가 매일 아침 회사에 가기 싫어서 온몸을 비틀거나 이번 달에 토마토 50개를 팔 걱정에 우울함에 허덕이며 하루를 시작하니까 동정할 정도로 비참한 삶이 계속될 수밖에!"

"……"

"토마토 보이! 취미가 있는가?"

"없어요."

"정말 지루한 남자로군. 그럼 자네에게도 좋아하는 취

미가 있다고 하세. 예를 들어 개미 관찰이라고 해보지."

(개미 관찰이라……)

"자네는 집안에 불행한 일이 있을 때도 개미 관찰을
즐길 수 있겠는가?"

"아무래도 그럴 때는 즐길 기분조차 들지 않겠죠. 하
고 싶지도 않고…….'"

"어째서?"

"그야 당연히 기분이 우울하니까……."

"그렇다는 건 개미 관찰이 반드시 즐거운 일이 아니
라는 거겠지? 어떤 감정으로 개미를 관찰하느냐에 따라
즐거움이 결정되는 거지. 알겠나?"

나는 개미 관찰이라는 취미를 이해할 수 없었지만 조
용히 고개를 끄덕였다.

"자, 이제부터가 핵심이네! 사람의 행동도 감정이 일
으키는 것이지. 이런 지독한 가난에서 벗어나고 싶다고
강하게 느낄수록 그 어느 때보다 필사적으로 일하고, 맛
있는 파스타를 꼭 먹고 싶다고 강하게 느끼면 돈을 모아

서라도 파스타집에 가게 되는 거라네."

"그렇군요."

"앞으로 알려줄《D110》이란 자네가 목표를 달성하기 위한 최고의 감정을 매일 아침 이끌어내기 위한 것! 즉, 최고의 행동을 이끌어내기 위한 것이라네."

D110 네 가지 질문

두근거리던 나는 빨리 가르쳐 달라는 눈빛으로 알로하 노인을 바라보았다.

"그럼 첫 번째 질문이네. 메모할 준비가 됐나? '오늘 무엇에 감사의 마음을 전할 것인가?'"

갑자기 맥이 빠졌지만, 일단 메모했다.

"이 질문은 토마토 보이에게는 효과적인 질문이군. 자네는 그동안 피해자 의식으로 살아왔어. 왜 나에게만 이

Question 5

오늘 무엇에
감사의 마음을
전할 것인가?

런 일이 일어날까? 더 부잣집에서 태어났으면 좋았을 걸. 나는 멍청한 토마토야. 이런 식으로 생각했지?"

(멍청한 토마토는……)

"본인 이외의 무언가에 기대를 걸고 살아왔다는 거지. 그런 인간에게는 기회도, 사람도, 돈도, 미인도 다가오지 않아. 매력이 제로니까!"

아무 말도 못 하고 나는 노트를 빤히 쳐다보며 말을 들었다.

"인생에서 기대를 걸어도 되는 건 자신뿐이라네. 자신에 대한 기대치가 높을수록 사람은 강해지고 높은 곳까지 갈 수 있는 법!"

정곡을 찌르는 말이었다. 나는 크게 노트에 썼다.

"이 질문을 생각하기만 해도 부드럽고 따뜻한 기분이 들지. 그리고 원하는 쪽에서 주는 쪽으로 자연스럽게 바뀔 수 있어. 원하는 쪽에 있는 사람의 마음은 점점 약해지지만, 주는 쪽에 있는 사람의 마음은 점점 강해진다네.

본인 걱정만 할 틈도 없으니까."

"감사의 마음을 전한다는 것은 예를 들어 무엇에……."

"뭐든지 상관없네! 낳아주신 부모님, 자네처럼 지루한 애송이를 고용해준 사장님, 밤에 유일하게 따뜻하게 해주는 얄팍한 이불!"

"……."

"게다가 무엇보다……."

어느새 알로하 노인은 염라대왕 같은 눈으로 나를 말없이 응시하며 내가 어떤 답을 하기를 기다렸다.

"바로 어르신입니다."

"에헴! 그럼 두 번째 질문! '오늘 하루를 더 즐겁게 하기 위해 어떤 새로운 일에 도전할 것인가?'"

나는 크게 심호흡한 뒤 계속 메모하기 시작했다.

"목표를 달성하려면 어제와 같은 일을 해서는 안 돼. 매일 무언가에 새롭게 도전해야지. 그 습관이 자네를 토마토 왕자로 더 빨리 성장시킬 거야."

Question 6

오늘 하루를 더
즐겁게 하기 위해
어떤 새로운 일에
도전할 것인가?

"매일매일 새로운 것을 찾을 수 있을까요?"

"물론 새로운 도전을 한 달에 걸쳐서 해도 좋아. '계속해서 오늘도 ○○에 도전한다'는 대답이라도 아주 조금 설레는 감정이 있으면 문제없어!"

"그렇다면 생각날지도……."

나는 조금 안심했다.

"작은 도전이라도 상관없어. 예를 들어 '어제 10분 걸린 일을 5분 만에 할 수 있도록 고민해 본다'고 해도 되고, '나보다 영업을 잘하는 동료에게 조언을 구한다'고 해도 좋아. '걸음걸이를 바꾼다'고 해도, '이성과 이야기할 때의 말투를 바꾼다'고 해도 상관없다네."

"그렇군요……."

나는 재빨리 받아 적으면서 당장 내일부터 할 수 있는 일을 생각해보았다.

그런데 갑자기 알로하 노인이 손을 세차게 흔들며 "여기야! 여기!"라고 소리쳤다.

"배고프지? 오늘은 여기에 포장마차 어묵가게를 불렀어."

다가오는 포장마차를 보면서 내 배는 우렁찬 소리를 냈다.

"댄디! 항상 고마워."

포장마차 사장은 큰 목소리로 인사하며 알로하 노인에게 고개를 숙였다.

"미안하네. 이런 데까지 오게 해서. 이 애송이한테 어묵을 실컷 먹여주게."

"당연하죠. 그런데 전에 말한 그 녀석 완성되었어요!"

"오! 기대하고 있었지. 어디 먹어볼까?"

포장마차 사장이 말랑말랑한 검붉은 덩어리를 꺼내 접시에 담자 알로하 노인은 "어디 보자."라며 그 덩어리를 잘라 입에 넣었다.

"호오! 이거 맛있군! 단맛과 신맛이 입안에서 사이좋게 어우러지네. 사장도 먹어 봐!"

알로하 노인은 남은 절반을 포장마차 사장의 입에 넣

었다.

"하하하. 이거 맛있네요!"

나는 뜨끈뜨끈한 무를 먹으며 두 사람의 이상한 교환을 조용히 바라보았다.

"저, 그게 뭐예요?"

"어제 토마토 보이한테 산 토마토라네! 사장에게 부탁해서 어제부터 넣어달라고 했지."

순간 입에서 무가 튀어나올 뻔했으나 입을 꾹 누르며 나는 소리쳤다.

"어떻게 이렇게 아까운 짓을! 개당 3,000엔이나 하는 토마토를 어묵 안에 넣다니요!"

"멍청아! 잠자코 먹어봐."

나는 알로하 노인의 박력에 압도되어 사장이 새로 꺼낸 검붉은 토마토 어묵을 입에 넣었다. 인정하고 싶지는 않았지만, 어묵이 된 토마토는 부드럽게 입안에서 녹아내려 탄성이 나올 정도로 맛있었다.

"맛있지? 그럼 사장! 약속대로 매일 3개에 5,000엔씩 주고 이 애송이한테 사줄 거야?"

"네! 기꺼이 그러죠. 이걸로 화제도 되고, 부자들도 포장마차에 오게 할 수 있을 것 같아요!"

알로하 노인은 포장마차 사장과 힘차게 악수하며 나를 보고 말했다.

"이것이 바로 새로운 도전이자 토마토를 하나라도 더 팔기 위한 노력이지. 참고하게!"

나는 자랑스럽게 말하는 알로하 노인을 보면서 말랑한 토마토 어묵을 먹어 치웠다.

"좋아, 몸이 따뜻해졌으니《D110》세 번째 질문을 알려주지! 이건 특히 중요한 질문이라네. '오늘 무엇을 하면 예상치 못한 사건을 신이 주는 선물로 바꿀 수 있을까?'"

몸이 따뜻하게 채워진 나는 노트를 펼치고 알로하 노인의 이야기에 집중했다.

Question 7

오늘 무엇을 하면
예상치 못한 사건을
신이 주는 선물로
바꿀 수 있을까?

"목표를 달성하는 길에는 반드시 여러 번 커다란 벽이 나타나지!"

"문제가 생긴다는 건가요?"

"확실히 문제라고 한다면 그건 문제가 되지. 하지만 많은 사람이 문제니 장애니 하면서 짜증을 내거나 화를 내고, 결국 좌절하면서 목표 달성에 실패하는 변명으로 삼는다네."

"문제는 일어나지 않는 편이 좋으니까요."

"그렇지 않아! 자네가 말하는 문제는 사실 목표를 달성하기 위해 필요하다네."

"목표를 달성하기 위해서 필요하다……?"

"알겠나? 애송이 토마토! 3년 후 토마토 왕자가 안고 있는 문제를 지금의 애송이 토마토가 가지게 되면 즉사라네. 토마토 왕자가 되려면 3년 동안 전 세계에서 싸울 수 있는 마음의 근력을 길러야 해! 그러니까 눈앞에 나타난 커다란 벽, 즉 문제는 신이 우리에게 선물해준 근

육 트레이닝 머신인 셈이야."

"문제가 나타났을 때 그 타이밍에 극복해 근력을 키우지 않으면 나중에 크게 다칠 수 있다는 거군요?"

"맞아! 그러니까 문제가 나타나면 일단 신께 감사해야 해. 더 강해질 기회가 왔다고 기뻐하면 되는 거야."

알로하 노인은 술을 마시며 평소보다 더 거침없이 이야기를 이어갔다. 나는 지금의 이야기를 노트에 적으면서 현재의 문제에 대해 생각했다.

"그래서 말이네. 이 질문에서는 먼저 자신이 신께 받은 문제가 무엇인지 생각하는 거야. 참고로 예상치 못한 사건이란 그 문제를 말하는 거라네. 그리고 그 문제를 극복해 토마토 왕자에게 필요한 근력을 길러나가기 위해 이 질문의 문장을 완성시켜서 오늘 무엇을 해야 할지 생각하는 거지. 예를 들어 토마토를 누군가에게 다 도둑맞았다고 해보세."

"너무 큰 문제네요!"

"이 문제를 아까 질문 양식에 넣어 보게."

"오늘 무엇을 하면 토마토가 도둑맞은 일을 신이 주는 선물로 바꿀 수 있을까?"

"좋아!"

"아무리 생각해도 토마토가 도둑맞은 일을 신의 선물이라고는 생각할 수 없는데요."

"그래? 토마토를 도둑맞은 일로 지금까지는 생각하지 못했던 행동이 생겨나 토마토 왕자로 더 빨리 성장할 수 있을지도 몰라!"

알로하 노인은 뺨을 붉히며 말하는 속도를 높였다.

"성공하는 사람은 예상치 못한 사건을 주어진 성장의 기회로 보고, 긍정적으로 예상치 못한 새로운 것들을 생각해내 행동하는 습관이 있는 법이네."

"그렇군요. 해야 할 일은 같아도 어떤 감정으로 문제를 극복하느냐가 중요하다는 거죠?"

"그렇지! 토마토를 전부 도둑맞은 일을 문제라고 말하면 그저 문제가 돼! 그럴 때 어떡하냐고 발을 동동 구

르기만 해서는 좋은 생각이 안 나오지."

나는 알로하 노인의 말을 제대로 메모하면서 몇 번이나 강하게 고개를 끄덕였다.

"그렇다고 해도 문제가 커지기 전에 찾아내 극복하는 편이 낫겠지! 그렇기 때문에 이 질문은 매일 생각할 필요가 있다네. 물론 문제가 없을 때도 있어. 분명 지금 애송이 토마토에게는 없을 거야. 오늘은 다 팔았으니까!"

나는 순간 안젤리나가 생각나서 배시시 웃었다.

"하지만 다음 달부터 토마토 왕자가 되기 전까지 분명 예상치 못한 몇 개의 사건이 일어날 걸세. 그럴 때일수록 재빨리 이 질문의 문장을 완성시켜서 제대로 마음의 근력을 기르는 거야."

수연이 갑자기 뭔가 떠올랐다는 듯이 입을 열었다.

"저기, 사장실 화이트보드에 쓰여 있는 이상한 문장이 그 질문이었죠?"

나는 미소를 지으며 고개를 끄덕였고, 위스키를 한 모금 마셨다.

지금 사무실 화이트보드에는 이 《D110》의 세 번째 질문이 크게 쓰여 있다.

Q. 오늘 무엇을 하면 프랑스의 토마토 밭이 화재로 반쯤 타버린 것을 신이 주는 선물로 바꿀 수 있을까?

나는 지난 2주 동안 매일 이 예상치 못한 사건을 극복하고 성장하려고 노력하고 있다. 지금 나에게는 큰 문제가 연달아 찾아온다. 그때 알로하 노인에게 이 질문을 배우지 않았다면 지금쯤 나는 정신병에 걸려 토마토 왕자가 된 것을 후회했을지도 모른다.

알로하 노인은 손목시계를 신경 쓰면서 이야기를 진행했다.

"이제 《D110》마지막 질문이라네. '오늘 무엇을 달성한다면 자신에게 120점을 줄 수 있을까?' 우선 이 질문으로 하루의 목표를 명확히 하는 거라네."

나는 고개를 끄덕이면서 서둘러 메모했다.

"목표를 향해 동기부여를 높이 유지하는 요령은 매일의 작은 목표를 확실히 달성하고, 스스로 자기 자신을 확실히 칭찬하는 것임을 기억해 두게."

누구에게도 칭찬받을 일이 없는 나에게 이 말은 구원의 말이기도 했다.

"그때 포인트는 100점이 아니라 120점을 생각하는 거야. 120점을 생각하면 사람의 뇌는 틀을 넘어서 생각하기 시작하지."

"120점이라……."

"자신의 기준을 조금 더 높여 생각하고 행동하게 되면 목표 달성 속도가 더욱 빨라진다네! 이 질문을 한 후에 《D110》의 두 번째와 세 번째 질문에서 생각해낸 답을 더

Question 8

오늘 무엇을
달성한다면
자신에게 120점을
줄 수 있을까?

구현하고, 궁리를 더 해도 되지."

나는 '그럼 매일 아침 머리를 써야……'라고 생각하면서 서둘러 적었다.

알로하 노인은 포장마차 사장에게 받은 술잔을 한 손에 들고 밤하늘을 올려다보며 조용한 목소리로 이야기하기 시작했다.

벌써 30년도 전의 일이라네.

어느 학교의 학장을 맡고 있던 나는 매우 춥고 작고 가난한 나라에 간 적이 있었어. 그 나라에서는 많은 아이가 학교에 가지 못하고 아침부터 저녁까지 일하면서 하루를 힘겹게 살아가고 있었다네.

그곳에서 나는 구두닦이 메그레스와 만났어. 거리에서 그 소년을 모르는 사람은 아무도 없었지. 거리에는 구두닦이가 많아서 하루에 다섯 명의 구두를 닦으면 다행이었지만, 그 소년만은 달랐어. 추위에 떨며 기다리는

손님이 늘 두세 명은 있었지. 그가 구두닦이를 하는 모습은 누구나 넋을 놓고 볼 정도로 화려하고 아름다웠네.

시계가 밤 11시를 넘었을 무렵이었지. 손님이 없어진 타이밍에 나는 그의 구두닦이대에 오른발을 올려놓았어.

"어서 오세요!"

그는 활짝 웃으며 나에게 인사를 했다네.

"언제나 이렇게 늦게까지 일을 하니?"

"네! 감사하게도 그래요. 손님도 늦게까지 고생 많으셨어요."

이미 열여섯 시간 이상 일하고 있다고는 생각할 수 없을 정도로 아주 친절한 대응이었어.

"이 신발은 처음 봤어요. 어느 나라 신발이에요?"

"일본이야. 오늘 일본에서 왔단다."

"일본? 일본은 정말 부자 나라인데……. 그런데 왜 오셨어요?"

"볼일이 좀 있어서. 일은 힘들지 않니?"

"아니요. 당연히 즐기면서 일하고 있어요!"

"당연히?"

"일을 즐기지 않으면 인생이 즐겁지 않으니까요."

그는 상냥한 미소로 망설임 없이 대답했어.

"매일 이렇게 추운 곳에서 같은 일을 하면 힘들지 않니?"

"똑같지 않아요. 매일 어떻게 하면 신발을 더 깨끗하게 닦을 수 있을지 생각하면서 일하고 있는걸요. 그래서 매일 조금씩이라도 더 깨끗하게 신발을 닦게 되었어요. 게다가 손님들과 많은 이야기도 나눌 수 있고요."

오기로 버티는 것이 아니라 행복해 보이는 그의 표정에 나는 잠시 할 말을 잃었네.

"꿈이나 목표가 있니?"

"네! 돈을 모아서 집을 사고, 예쁜 아내와 결혼해서 언젠가 온 가족이 따뜻한 밥을 먹고 싶어요."

"그렇구나."

"저는 부모님이 안 계시기 때문에 아이가 생기면 매일

실컷 안아주고 싶어요! 그 꿈을 이루기 위해서라도 앞으로 10년은 쉬지 않고 열심히 일해서 돈을 모을 거예요!"

아주 즐거운 듯이 말하는 그의 천진난만한 얼굴을 바라보며 나는 저도 모르게 그를 꼭 껴안았어. 차갑고 메마른 그의 작은 몸을 안았던 감각을 나는 지금도 잊지 않는다네…….

알로하 노인은 눈물을 글썽이며 오열하고 있는 포장마차 사장에게 술을 한 병을 더 주문했다. 나도 넘치는 마음을 참지 못하고 달을 향해 소리쳤다!

"메그레스!"

이때 내 가슴속에서 분명히 뭔가 달라졌다.

"어떤 일이든, 모든 것은 자신에게 달려 있다는 거군요."

"그래. 스스로 정한 목표를 향해 하루하루를 소중히 하면서 전력을 다해 사는 거야! 이보다 더한 호강은 없다네."

나는 알로하 노인의 눈을 똑바로 보며 크게 고개를 끄덕였다.

"내가 전하는 내용은 여기까지일세. 이 네 가지 질문을 반드시 매일 아침 10분씩 시간을 투자해 대답한다면 틀림없이 애송이 토마토는 3년 안에 토마토 왕자가 될 수 있을 거야."

그때였다. 멀리서 귀에 익은 폭음이 들려왔다. 4초 후 다시 새빨간 스포츠카가 우리 앞에서 멈췄다.

"하이! 달링 앤드 프린스 오브 토마토!"

또다시 이탈리아계 미녀 안젤리나가 등장했다. 아무래도 알로하 노인을 데리러 온 듯했다. 안젤리나를 힐끗 바라보며 나는 두 손을 크게 흔들었다.

"애송이 토마토! 이걸로 토마토 답례는 한 거야! 3년 후 꼭 토마토 왕자가 되어 나한테 토마토 100개 가져오게!"

"알겠습니다! 그런데 어르신의 정체는……?"

"나는 그냥 지나가는 노인이 아니라네. 3년 후에 보자고. 토마토 왕자!"

알로하 노인은 포장마차 사장에게 윙크를 하고, 나에게 등을 돌린 채 손을 흔들며 안젤리나 쪽으로 걸어갔다. 스포츠카가 달리기 시작했을 때 안젤리나가 손을 흔들며 무언가를 외쳤다. 안타깝게도 엔진음에 휩쓸려 그 목소리는 내게 닿지 않았다.

"당신은 최고로 섹시해! 또 만나러 올게!"라고 생각한 나는 두 손을 밤하늘을 향해 치켜들고 큰 소리로 외쳤다!

"아이 엠 프린스 오브 토마토!"

결국 해내는 당신을 위한 조언

☑ 불쾌함이 바로 에너지다.

　불쾌함은 바로 지금까지 본인이 만족했던 장소에서 탈출하기

　위한 에너지가 된다.

☑ 1년에 365번이나 인생을 다시 살 수 있다는 것에 우리는 감사

　해야 한다.

　매일 일어나는 순간부터 인생을 처음에서 시작해야 한다.

☑ 인생은 어떤 감정으로 사느냐에 따라 결정되는 것이다.

　사람의 행동도 감정이 일으키는 것이다.

☑ 인생에서 기대를 걸어도 되는 건 자신뿐이다.

　자신에 대한 기대치가 높을수록 사람은 강해지고 높은 곳까

지 갈 수 있다.

☑ 원하는 쪽에 있는 사람의 마음은 점점 약해지지만, 주는 쪽에
있는 사람의 마음은 점점 강해진다.

☑ 계속해서 오늘도 ○○에 도전하라.
목표를 달성하려면 어제와 같은 일을 해서는 안 된다. 매일 무
언가에 새롭게 도전해야 한다.

☑ 문제(장애물)는 목표를 달성하기 위해 필요하다.
문제가 나타나면 일단 신께 감사해야 한다: 더 강해질 기회가
왔다고 기뻐하면 된다.

☑ 성공하는 사람은 예상치 못한 사건을 주어진 성장의 기회로
보고, 긍정적으로 예상치 못한 새로운 것들을 생각해내 행동
하는 습관이 있다.

☑ 해야 할 일은 같아도 어떤 감정으로 문제를 극복하느냐가 중요하다.

☑ 매일의 작은 목표를 확실히 달성하고, 스스로 자기 자신을 확실히 칭찬한다.

☑ 자신의 기준을 조금 더 높여 생각하고 행동하게 되면 목표 달성 속도가 더욱 빨라진다.
100점이 아니라 120점을 생각하면 사람의 뇌는 틀을 넘어서 생각하기 시작한다.

☑ 스스로 정한 목표를 향해 하루하루를 소중히 하면서 전력을 다해 사는 거야!

여덟 가지 마법의 질문 II

《D110》 - 매일 1회 10분, 네 가지 질문

Q5 오늘 무엇에 감사의 마음을 전할 것인가?

Q6 오늘 하루를 더 즐겁게 하기 위해 어떤 새로운 일에 도전할 것인가?

Q7 오늘 무엇을 하면 예상치 못한 사건을 신이 주는 선물로 바꿀 수 있을까?

Q8 오늘 무엇을 달성한다면 자신에게 120점을 줄 수 있을까?

8 Questions for Success

제5장

토마토 왕자의 탄생

토마토 왕자의 도전

수연은 손수건으로 눈물을 훔쳤다. 나는 남아 있던 샴 페인을 수연의 잔에 따랐다. 수연은 잔에 담긴 샴페인을 바라보며 말했다.

"오늘 드디어 알로하 노인의 정체를 알게 되는 거죠?"
"아니, 사실 몇 달 전에 그의 정체를 알았어. 세계적인 기업의 사장들이 모이는 파티에서 말이야."

"그래서 이름을 알고 계셨군요? 그래서 그분의 정체는 무엇인가요?"

"미스터 페크다. 그는 아는 사람은 아는, 목표 달성의 신이라 불리는 세계 제일의 코치라고 해. 세계적인 기업의 사장들도 곤란한 일이 있을 때 꼭 상담하러 간다더군."

"정말요? 그렇게 대단한 인물이 왜 시칠리아 섬에서 토마토 주스를 파는 걸까요?"

"그러게. 게다가 왜 토마토 주스를……?"

잠깐의 침묵 끝에 수연은 샴페인 잔을 들고 입을 열었다.

"그런데 그 후 사장님은 여덟 가지 마법의 질문으로 어떻게 토마토 왕자가 되셨어요?"

그럼 마지막으로 내가 어떻게 토마토 왕자가 되었는지 이야기하고 끝내겠다.

마지막 기회였던 그 달은 안젤리나 덕분에 해고를 면

했다. 게다가 매일 세 개, 어묵가게 사장이 구매해줘서 내 매출은 안정되었다.

여덟 가지 마법의 질문으로 당장 눈에 보이는 성과가 나오지는 않았지만, 나는 약속의 질문을 하루도 빼먹지 않았다.

질문을 시작한 지 두 달이 지났을 무렵, 나의 영업 실적은 서서히 바뀌기 시작했다. 석 달 뒤에는 어묵가게 외에 토마토를 월 80개 파는 데에 성공했고, 그 다음 달에는 120개를 판매하는 신기록을 세우며 최고의 영업사원이 되었다. 나아가 반년 후에는 부하 직원을 열세 명 두고 매월 토마토를 1,000개 판매하는 전설의 영업부장이 되었다.

알로하 노인에게 배운 《M215》와 《D110》을 부하 직원 모두에게 알려주고, 매일 아침 10분씩 모두 함께 생각하는 시간을 만들었더니 매출이 열 배가 되었다.

그 후에도 회사의 실적은 계속 증가해 2년 후 나는 부사장으로 승격했다. 반년 후, 사장님이 몸이 좋지 않아 입원한 타이밍에, 나는 사장이 되었다. 사장에 취임한 지 반년 후 세계적으로 뻗어나가는 데에 성공한 나는 마침내 토마토 왕자라고 불리게 되었다.

'그런데 무슨 일을 하면 일이 그렇게 순조롭게 진행되는 거지?'

아마 여러분은 이렇게 생각할 것이다. 그래서 내가 토마토 왕자가 될 때까지 여덟 가지 마법의 질문으로 어떤 행동을 생각해내서 실행해 왔는지를 몇 가지 소개하겠다.

먼저 나는 빨간색 원단을 사서 재봉에 능숙한 어머니에게 3년 뒤 토마토 왕자가 입고 있는 빨간 정장을 형상화한 재킷과 바지를 만들어 달라고 했다. 회사 동료들은 나를 바보 취급하며 웃었지만, 새빨간 토마토색 정장을 입고 돌아다니자 매일 세 개씩 어려움 없이 토마토를 팔 수 있게 되었다.

그리고 불경기라도 고급 토마토를 사줄 만한 고급 주택지로 판매 구역을 좁혔다. 등에 '안젤리나가 사랑한 붉은 다이아몬드'라고 쓴 문구를 붙여서 그곳에 사는 부인들의 눈길을 끄는 데에 성공했다. 부인들은 SNS에서 빨간 다이아몬드와 내 사진을 올렸고, 입소문을 타고 고급 토마토의 맛이 점점 퍼져나갔다.

또한 과감히 토마토를 하루 두 개 잘게 썰어 시식용으로 제공했다. 그 전략이 성공해서 나는 그 달에 최고의 영업사원이 되어 부하 직원을 두게 되었다.

그러나 그 무렵 아주 큰 '예상치 못한 사건'이 일어났다. 토마토 밭에서 2주 치 토마토를 운반하던 트럭이 사고가 나서 토마토가 모두 망가진 것이다. 매물이 없어진 회사 사람들은 사장에게 2주 치 월급을 보장하라며 파업을 일으켰고, 회사 안의 분위기는 험악해졌다.

그때도 나는 《D110》의 세 번째 질문(오늘 무엇을 하면 예상치 못한 사건을 신이 주는 선물로 바꿀 수 있을까?)을 만들어 생각했다.

Q. 오늘 무엇을 하면 토마토 매물을 사고로 잃은 일을 신이 주신 선물로 바꿀 수 있을까?

그리고 나는 이런 답을 사장에게 제안했다. 토마토잼을 만들자는 제안이다. 토마토잼은 생토마토보다 유통기한이 길어 장기간 보관이 가능하다. 비슷한 사고가 나더라도 앞으로 매물이 없어지지는 않는다. 그리고 이 토마토는 딸기보다 달콤하기에 독창적인 상품이 되리라 생각했다.

사장은 곧바로 그 제안을 받아들여 사고로 흠집이 난 토마토를 버리지 않고 수거해 곧장 시제품 제작에 착수했다.

이어서 나는 또 하나의 답을 사장에게 제안했다.

"이번 기회에 직원 전원을 토마토 밭이 있는 시골 마

을로 사원 여행을 보냅시다."라는 제안이었다. 우리가 판매하는 토마토가 어떤 장소에서, 어떤 애정을 받으며 자라고 있는지, 천천히 눈으로 보고 알 수 있는 좋은 기회라고 생각했고, 무엇보다 전 사원의 단결력을 높이기 위한 제안이었다. 이 제안도 사장은 바로 받아들여 실행했다.

사장과 내가 새로운 토마토잼을 개발하는 동안 다른 모든 사람은 사원 여행을 떠났고, 그럭저럭 파업은 수습되었다.

이 사건으로 일시적으로 비용이 늘어나 매출은 떨어졌지만, 신제품 토마토잼의 탄생으로 그동안 팔고 남아서 지나치게 익었던 토마토를 버리지 않고 잼으로 만들어 팔 수 있게 되어 이익이 점점 증가했다.

그 후에도 나의 새로운 도전은 계속되었다. 부하 직원들의 아이디어를 바탕으로 고급 레스토랑이나 케이크 가게에 토마토를 이용한 케이크를 제안해 기획 단계부터 함께 만들었다. 그러자 순식간에 토마토 케이크가 큰 인기를 끌면서 많은 파티셰에게 토마토 주문이 들어왔다.

여담이지만, 그중에서 뛰어난 실력으로 맛있는 케이크를 만드는 아름다운 파티셰와 나는 사랑에 빠져 결혼했다. 그리고 세계에서 가장 유명한 프랑스 파티셰의 연락을 받고, 판매 계약을 맺었다.

이를 계기로 우리 회사는 프랑스에 첫 해외 지점을 세우기로 했고, 프랑스뿐 아니라 이탈리아, 독일, 영국, 스페인에 '안젤리나'라는 이름의 토마토 디저트 전문점을 열었다. 지금도 더 많은 확장을 준비 중이며, 토마토 테마파크도 대기업 및 전 세계 유명 레스토랑과 손잡고 기획하고 있다.

새빨간 토마토색 비행기는 시칠리아 섬을 향해 착륙태세에 들어갔다. 비서 수연은 처음 바다를 본 소녀 같은 눈동자로 나를 바라보며 말했다.

"지금도 매일 질문을 계속하고 계시다니 대단해요."

나는 시칠리아의 거리를 내려다보며 대답했다.

"내 성공만 위해서였다면 중도에 그만두었을 거야. 나는 이 질문을 매일 하면서 알로하 노인에게 늘 응원받는 기분이 들어서……. 어떻게 해서든 다시 만나고 싶었어."

수연은 나를 똑바로 바라보았다.

"평생 사장님을 따를게요."

나는 위스키 잔을 들어 수연과 건배를 하고, 마지막 한 잔을 다 마셨다.

확실히 나는 여덟 가지 마법의 질문 덕분에 토마토 왕자가 될 수 있었다. 그런데 지금이라서 아는 것이 있다. 여덟 가지 마법의 질문이 나에게 마법을 걸어 토마토 왕자로 만들어준 것이 아니다. 여덟 가지 마법의 질문을 계기로 자신의 가능성을 믿고 행동할 수 있었기 때문에 나는 토마토 왕자가 될 수 있었던 것이다.

부디 이 이야기가 나만의 성공 스토리로 끝나지 않기를 바란다. 여덟 가지 마법의 질문으로 다음에 인생을 바꾸는 것은 바로 여러분이다.

결국 해내는 당신을 위한 조언

☑ 여덟 가지 마법의 질문이 나에게 마법을 걸어 토마토 왕자로 만들어준 것이 아니다.

여덟 가지 마법의 질문을 계기로 자신의 가능성을 믿고 행동할 수 있었기 때문에 나는 토마토 왕자가 될 수 있었던 것이다.

☑ 여덟 가지 마법의 질문으로 당장 눈에 보이는 성과는 나오지는 않지만, 약속의 질문을 하루도 빼먹지 않는 것이 중요하다.

"여덟 가지 마법의 질문으로 다음에 인생을 바꾸는 것은 바로 여러분이다."

8 Questions for Success

부록

마법의 성공 노트

마법의 성공 노트 작성 방법

1. 자신의 ○년 후 목표를 설정한다.

(〈목표의 양식〉과 《M215》 활용)

- 목표 기간은 최소 6개월 이상으로 한다.

- 최종 목표를 설정하고, 미래를 상상하며 열세 가지 관점에서 구체적인 질문에 답한다.

- 목표는 구체적이며 컬러로 상상하고, 목표가 이루어졌을 때 어떤 기분일지도 떠올려본다.

2. 최종 ○년 후 목표에 맞춰 자신의 1년 후 목표를 설정한다.

(〈1년 후의 목표〉 활용)

* 목표가 1년 미만인 경우 목표 날짜의 중간 지점 날짜를 정한다.

(예: 최종 목표 달성 예정일이 1년 후인 경우, 1년 후 목표 달성에 맞춰 6개월 후 목표를 정한다.)

3. 매월 2회 15분, 설정된 최종 목표에 맞춰 네 가지 질문에 답한다.

(《M215》활용)

* 매월 2회 정해진 질문에 답하며 목표 달성에 어느 정도 다가

   가고 있는지 스스로를 점검한다.

4. 매일 아침 1회 10분, 네 가지 질문에 답한다.

(《D110》활용)

* 스스로 정한 목표를 향해 매일 아침 새로운 마음으로 다짐하

   는 시간을 가진다.

목표의 양식

20   년   월   일까지

을 달성해서

가 되겠다!

1년 후의 목표

20　　년　월　일까지

</br>

을 달성해서

</br>

가 되겠다!

Q1 목표를 달성한 3년 후의 나는 3년 후 오늘, 무엇을 하고 있는가?

개인적인 측면

관점1 어떤 집에 살고 있는가?

관점2 어떤 복장인가?

관점3 어떤 사람과 함께 있는가?

관점4 어떤 말투로 가족, 친구, 연인과 어떤 이야기를 하는가?

관점5 어떤 기분으로 하루를 보내는가?

일적인 측면

관점6 어떤 일을 하고 있는가?

관점7 어떤 복장으로 일을 하고 있는가?

관점8 어떤 고객에게 무엇을 제공하고 있는가?

관점9 어떤 가치를 세상에 제공하고 있는가?

관점10 일주일을 보내는 방법은?

관점11 하루를 보내는 방법은?

관점12 어떤 기술이나 지식을 가지고 있는가?

관점13 어떤 기분으로 매일 일을 하고 있는가?

Q2 1년 후 어떤 상태가 된다면 확실히 목표를 달성할 수 있는가?

Q3 1년 후의 상태를 달성하기 위해 이번 달 최소한 달성해야 할 목표는?

Q4 이번 달 목표를 달성하기 위해 결단할 수 있는 세 가지 일은 무엇인가?

Q5 오늘 무엇에 감사의 마음을 전할 것인가?

Q6 오늘 하루를 더 즐겁게 하기 위해 어떤 새로운 일에 도전할 것인가?

Q7 오늘 무엇을 하면 예상치 못한 사건을 신이 주는 선물로 바꿀 수 있을까?

Q8 오늘 무엇을 달성한다면 자신에게 120점을 줄 수 있을까?

맺음말

이 이야기는 내가 20대일 때 처음 출간한 책(《내가 토마토 왕자가 된 이유僕がトマト王子になった理由》)을 40대가 된 현재의 내가 리메이크해서 출간한 것이다. 다만 리메이크라고 해도 결과적으로 전체의 5퍼센트 정도만 바꿀 수 있었다. 목표밖에 없는 20대라서 쓸 수 있었던 에너지 넘치는 글에 아저씨가 섣불리 손대는 것을 '이 이야기'가 거부하는 것처럼 느꼈기 때문이다.

나는 이 책에서 설명한 약속의 질문(여덟 가지 마법의 질문)을 꾸준히 해온 결과, 20대에 설정한 목표를 40대가 된 지금 거의 모두 달성하게 되었다. 그리고 지금 이 이야기와 약속의 질문을 더 많은 이들에게 전하고 싶어 책을 출판하게 되었다.

매일 10분이라도 약속의 질문을 계속하기란 정말 어려운 일이다. 그러나 목표를 성공적으로 달성할 수 있을지, 그 여부는 약속의 질문을 얼마나 꾸준히 지속하느냐에 달려 있다. 그래서 40대 아저씨가 된 지금 지속할 수 있는 요령을 마지막으로 살짝 전해드리고자 한다.

그것은 매일 약속의 질문을 소리 내어 읽기만 해도 괜찮다는 것이다. 매일 질문에 제대로 답하지 않아도 마음이 내키지 않는 날은 질문을 소리 내어 읽기만 해도 된다고 생각해보자.

나도 실제로 4일에 한 번은 읽기만 한 날이 있었는데, 목표는 제대로 달성할 수 있었다. 무엇보다 중요한 것은 자신의 가능성을 누구보다 스스로 믿어주는 것이다. 무슨 일이 있어도 나 자신이 내 편이 되어야 한다.

마지막으로 이 이야기는 가자히노 문고에서 2018년에 출간된 저서《목표 달성의 신目標達成の神業》이야기의 15년 후라는 설정이다. 알로하 노인으로 등장한 수수께끼의 인물은 지금 생각해도 솔직히 누구인지 잘 모르겠다. 내가 코칭의 매력을 전하고자 쓰기 시작한 이야기에 제멋대로 등장하는 그 엉뚱한 인물은 내가 무의식적으로 동경하고 있는 인물상일까? 아니면 내 안에 있는 이상적인 코치일까? 아니면 미래의 나일까?

그 답을 알 수도 있는 15년 후, 30년 후를 기대하며 나도 계속해서 토마토 왕자 못지않은 코치로서 항상 변화를 선택하고, 도전을 즐기며 살아가고 싶다.

바바 케이스케

옮긴이 정지영

대진대학교 일본학과를 졸업한 뒤 출판사에서 수년간 일본도서 기획 및 번역, 편집 업무를 담당하다 보니 어느새 번역의 매력에 푹 빠져버렸다. 현재는 엔터스코리아 출판기획 및 일본어 전문 번역가로 활동 중이다. 주요 역서로는 《초역 카네기의 말》, 《인생은 당신의 말로 결정된다》, 《오늘도 딴 생각에 빠진 당신에게》, 《40세의 벽》, 《만화로 보는 워런 버핏의 투자전략》, 《부자들의 인간관계》 등 다수가 있다.

결국 해내는 생각의 습관

초판 1쇄 인쇄 2024년 4월 1일
초판 1쇄 발행 2024년 4월 12일

지은이 바바 케이스케
옮긴이 정지영
감수자 서승범
펴낸이 하인숙

기획총괄 김현종
책임편집 유경숙
일러스트 고경일(GLKO)
디자인 studio forb

펴낸곳 더블북
출판등록 2009년 4월 13일 제2022-000052호
주소 서울시 양천구 목동서로 77 현대월드타워 1713호
전화 02-2061-0765 **팩스** 02-2061-0766
블로그 https://blog.naver.com/doublebook
인스타그램 @doublebook_pub
포스트 post.naver.com/doublebook
페이스북 www.facebook.com/doublebook1
이메일 doublebook@naver.com